QUEBRA-GALHO

2011, Editora Fundamento Educacional Ltda.

Editor e edição de texto: Editora Fundamento
Capa e editoração eletrônica: Silvana Mattievich/Editora Fundamento
CTP e impressão: SVP – Gráfica Pallotti
Tradução: Ivi Priscilla Fernandes Garcia

Copyright © Shannon Lush and Jennifer Fleming 2005

Dados Internacionais de Catalogação na Publicação (CIP)
(Câmara Brasileira do Livro, SP, Brasil)

Lush, Shannon
    Quebra-Galho / Shannon Lush; [versão brasileira da editora] – São Paulo, SP: Editora Fundamento Educacional, 2011.

    Título original: Spotless

    1. Fleming, Jennifer 2. Limpeza doméstica 3. Lush, Shannon 4. Solução de problemas I. Título.

10-08907   CDD-648.5

Índice para catálogo sistemático

1. Limpeza doméstica: Vida familiar 648.5

Fundação Biblioteca Nacional

Depósito legal na Biblioteca Nacional, conforme Decreto n.º 1.825, de dezembro de 1907.
Todos os direitos reservados no Brasil por Editora Fundamento Educacional Ltda.

Impresso no Brasil

Telefone: (41) 3015 9700
E-mail: info@editorafundamento.com.br
Site: www.editorafundamento.com.br

Este livro foi impresso em papel chamois bulk 80 g/m² e a capa em cartão supremo alta alvura 250 g/m².

SUMÁRIO

Introdução — V
História da Shannon — VII
História da Jennifer — IX

Ingredientes Úteis — 10

Cozinha — 15
Banheiro — 45
Sala de Estar, Sala de Jantar
e Cômodos da Família — 56
Pisos, Paredes e Janelas — 86
Quartos — 116
Objetos das Crianças — 148
Lavanderia — 155
Remoção de Manchas de Tecidos — 159
Área Externa — 167

INTRODUÇÃO

Você acidentalmente já colocou uma malha de lã na lavadora e, tarde demais, descobriu que ela encolheu? Você sabe o que fazer se queimar uma panela (além de jogá-la fora)? O que você faz se seu querido vira-lata tiver uma emergência no seu tapete de lã branca? Se você não sabe as respostas, não precisa se desesperar! Afinal, existe solução para esses e para muitos outros problemas domésticos, e este livro mostra como lidar com eles. Ele também oferece orientação sobre como aspirar do jeito certo, como organizar seu guarda-roupa e qual a melhor forma de lavar pratos.

Com as dicas deste livro, você terá confiança para passar direto por aqueles produtos de limpeza caros no supermercado. Graças à nossa falta de conhecimento sobre limpeza, os anunciantes brincam com nosso medo de não limpar e higienizar direito.

Geralmente, compramos um produto mais caro, que promete limpeza instantânea, porque achamos que assim pareceremos conhecedores dos produtos da atualidade. Bem, não há mais por que se deixar seduzir. Você aprenderá a amar bicarbonato de sódio. Vinagre não será mais só tempero de salada. E aqui vai uma informação que você não ouvirá naqueles anúncios publicitários brancos e cintilantes da TV: o que limpa melhor é água e sol.

Este livro é um guia que contém informações sobre como cuidar de cada cômodo da sua casa e ainda ensina diversas maneiras de consertar o que pode dar errado. As recomendações são feitas como em um livro de receitas, para você ver de quais "ingredientes" ou produtos de limpeza precisará para seguir a "receita" ou o processo de limpeza. Também encontrará perguntas reais de pessoas que ligaram para mim em meu programa de rádio.

Existem alguns truques para a remoção de manchas. Em primeiro lugar, não entre em pânico e não coloque nada que possa piorar a situação. Pense no que causou a mancha. Depois, pense em qual pode ser o solvente adequado. Se a mancha tiver vários componentes, você deve remover proteína em primeiro lugar, depois gordura, em seguida manchas químicas ou biológicas e, por último, qualquer resina ou cola. Se não tiver certeza, limpe primeiro com água fria, em seguida com água quente e só depois use solvente.

Você lerá bastante o termo "água na temperatura sanguínea". Quer dizer água morna. Para medir essa temperatura, é só colocar seu pulso na água. Se você não sentir nada (se não estiver muito quente, nem muito fria), está na temperatura sanguínea. Você terá um resultado melhor com vinagre se usar o tinto em superfícies duras; o branco em tecidos e mármore branco.

Quando chegar ao método das duas esponjas para bicarbonato e vinagre, você deve umedecer levemente uma esponja em vinagre e pôr bicarbonato na outra, depois deixar a esponja com vinagre em cima da esponja com bicarbonato e apertar as duas juntas sobre o que estiver limpando. Como alternativa, se estiver trabalhando numa superfície complicada, faça uma pasta de bicarbonato e água na consistência de manteiga amolecida. Espalhe na superfície com um pano, deixe secar naturalmente e depois lustre com um pano de limpeza molhado com vinagre.

Se você se sentir desanimado enquanto tenta remover uma mancha teimosa que não dá trégua, pense no desastre Exxon Valdex, aquele em que milhares de litros de óleo foram derramados num porto do Alasca. Seu desastre nunca mais parecerá tão grande.

HISTÓRIA DA SHANNON

Uma das minhas memórias mais antigas é a minha avó vindo ajudar minha mãe a limpar a casa. Eu via metal e prata sendo polidos e via manchas sendo removidas. A casa ficava cheirando a cera de abelha.

Minha mãe é costureira e me ensinou a costurar. Ela é absolutamente brilhante com agulha e máquina de costura e limpa tudo tão bem que é conhecida na família como "furacão branco". Meu pai era engenheiro, artista, construtor e inventor e sabia muito sobre produtos químicos. Sempre me explicava o que eram as substâncias, por que faziam efeito e como os produtos químicos reagiam quando entravam em contato. Acho que aprender esse tipo de informação quando era tão jovem tornou isso instintivo em minha vida.

Quando criança, adorava tudo o que fosse criativo. Adorava usar lápis de cor, pintar e costurar. Aos 8 anos, vendia meus trabalhos de arte para os colegas da escola para que entrassem em competições de arte! Minha professora de costura no primário era a sra. Roberts, que era conservadora e rígida como uma rocha. Antes de cada aula, todos tinham que lavar as mãos e, se alguém estivesse com as mãos suando, tinha que passá-las no talco. Tudo era feito manualmente e não podíamos dar nenhum ponto sem nó. Aprendi a bordar pontos graciosos. Naquela época, achávamos a sra. Roberts um dragão, mas sua atenção aos detalhes e ao artesanal foi um exemplo inestimável para mim.

Eu transformei essas habilidades em trabalho quando era adolescente e jeans bordado estava na moda. Eu montava uma barraca na entrada de shows de rock e pintava o rosto das pessoas. Então, consegui emprego no comércio de panos de limpeza e aprendi mais sobre tecidos. Peguei muita prática em costura e comecei a vender meus trabalhos. Aprendi todo o tipo de artesanato que pude: cerâmica, vidro, vitral, escultura, trabalho com metais e fabricação de joias.

A cerâmica abriu uma nova área para mim. Depois de ganhar vários prêmios, abri provisoriamente uma loja nos fundos da casa da minha irmã. Um belo dia, entrou uma mulher com uma peça de cerâmica danificada e me perguntou se eu a consertaria. Pesquisei um pouco, consegui consertar a peça, e a mulher ficou tão emocionada que indicou a loja para as amigas.

Assim, entrei para o mundo das restaurações. Conversei com outros restauradores e estudei um tempo com um senhor que conhecia muito o assunto e estava na casa dos 80 anos na época. Era a mistura perfeita de minhas habilidades artísticas com meu amor por antiguidades e arte decorativa.

Quando olho uma antiguidade, vejo as marcas das mãos dos que já trabalharam nela. E os ensinamentos precoces do meu pai sobre produtos químicos também ajudaram, porque em restauração, muitas vezes, precisamos destruir partes antes de reconstruir.

Sempre adorei livros de trabalhos manuais, especialmente os antigos. Minha tia-avó Letitia tinha um caderno com dicas, provérbios, citações femininas, receitas e piadas, que era uma fonte maravilhosa. Desenvolvi mais interesse na remoção de manchas depois de sujar objetos com tinta porque, quando eu pinto, faço muita bagunça. Liguei muito para minha mãe para pedir conselhos. Também testo qualquer dica que me derem. Não importa o que seja, faço um teste. Este livro é uma coletânea desse conhecimento.

HISTÓRIA DA JENNIFER

Sou da geração que liga para a mãe pedindo conselho para limpar qualquer respingo ou mancha em casa. Tenho muita sorte de ter uma mãe que sabe essas coisas. Por isso, muitas amigas minhas não acreditaram quando contei que estava escrevendo um livro sobre dicas domésticas. Não que minha casa seja suja. Mas elas sabiam que eu tinha pouquíssimo conhecimento nessa área. Agora elas vão ter que me aguentar.

Minha mãe me ensinou a lavar, pendurar e passar roupas, mas raramente faço isso hoje em dia. Literalmente, lavo e visto. Por muitos anos, paguei alguém para limpar minha casa, mais para deixar tudo em ordem do que propriamente limpar. Todo o conhecimento no livro vem da Shannon. Eu só o absorvi e escrevi o livro.

A ideia surgiu com James Valentine e seu programa de rádio na 702 ABC Sydney. Ele ouviu dizer que aranhas derretem com limão, o que o fez lembrar daquelas dicas domésticas que eram usadas antigamente. Ele pediu que os ouvintes ligassem se tivessem problemas com respingos ou manchas em casa. E também convidou os ouvintes a darem a solução para os problemas. Um dia, Shannon ligou e respondeu a todas as perguntas. Ela virou convidada habitual do programa e ajuda ouvintes desde então.

Sou produtora do programa, e muitos ouvintes ligavam e perguntavam se a Shannon tinha um livro. Bem, agora ela tem!

QUEBRA-GALHO

INGREDIENTES ÚTEIS

PALHA DE AÇO Nº 0	Palha de aço bem fina. À venda em supermercados.
SOLUÇÃO DE ACETONA	Cetona volátil e inflamável (solução aquosa). Usada como solvente para remoção de resinas, esmaltes, bases e plásticos. À venda em supermercados e farmácias.
COLA DE MADEIRA	Cola e impermeabiliza a madeira. À venda em lojas de materiais de construção.
CERA DE ABELHA	Agente polidor muito eficaz.
BICARBONATO DE SÓDIO	À venda em farmácias.
ALVEJANTE	Agente branqueador.
BÓRAX	Borato de sódio cristalino. Fungicida, inseticida, potencializa a ação do detergente. É levemente tóxico e deve ser utilizado com cautela. Evite contato com a pele e ingestão. À venda em supermercados.
FARELO DE CEREAIS	Casca de trigo ou de outros cereais. É absorvente e polidor, eficiente na limpeza de tecidos e da pele.
CÂNFORA	Cetona da árvore de cânfora. Tem poderoso vapor que a maioria dos animais, principalmente traças e gatos, não gosta. Excelente protetor de guarda-roupa e jardim. É muito inflamável, então nunca a aqueça.

LIMPADORES DE TAPETE	Existem vários. Podem ser à base de sabão, de bicarbonato, de detergente ou de álcool.
LIMPADOR MULTIUSO	Remove depósitos de cálcio, cal e ferrugem em peças de vidro, banheiros, cimento, porcelana, cromados e tecidos. À venda em supermercados.
CRAVO-DA-ÍNDIA	Condimento. Feito do botão desidratado da flor da árvore de cravo. Pode-se extrair óleo do cravo e utilizar para inibir bolor.
AMIDO DE MILHO (MAISENA)	Pode ser também de arroz ou de outros grãos. É absorvente e excelente abrasivo.
CREOSOTO	Destilado de alcatrão de madeira oleosa e líquida, usado como substância profilática e antisséptica.
FLUIDO DE LIMPEZA A SECO	Mistura de hidrocarbonetos de petróleo.
SAIS DE EPSOM	Sulfato de magnésio hidratado. Tem esse nome porque foi descoberto em Epsom, no Reino Unido. Útil para deixar roupas de molho; ajuda a voltar ao tamanho normal roupas de lã que tenham encolhido. À venda em farmácias de manipulação.
ÓLEO DE EUCALIPTO	Óleo essencial destilado das folhas de certas árvores de eucalipto. Removedor de tinta, solvente de adesivo e também libera vapor. Diferentemente da maioria dos óleos, mistura-se com água. À venda em supermercados ou farmácias.
GLICERINA	Líquido claro e sem cheiro. Usada como agente em cosméticos, pastas de dente e xampus. É solúvel em água e em álcool e ajuda na remoção de manchas. Encontrada em farmácias.

SAPONÁCEO EM PASTA	Tem muitas utilidades. Excelente para limpeza de pias de banheiro e cozinha. Contém leve agente alvejante. À venda em supermercados.
ÁGUA OXIGENADA	Líquido oxidante usado como antisséptico e agente alvejante.
ÓLEO DE LAVANDA	É extraído de flores de lavanda e tem muitas utilidades, inclusive como repelente de insetos, inibidor para cães ou perfumador de ambientes. Encontrado em supermercados, farmácias ou lojas de produtos naturais.
PRODUTO PARA COURO	Combinação de sabão e óleo usado no tratamento do couro. Encontrado em sapatarias.
ÓLEO DE LIMÃO	Extraído da casca do limão e usado para polir móveis. É inibidor de aranhas e insetos e removedor de manchas.
ÁLCOOL MENTOLADO	Álcool impurificado com mentol, que dá ao líquido cheiro e sabor fortes, para não ser confundido com água. Solvente para tintas.
ÓLEO DE CRAVO	É o óleo extraído do botão seco da flor do craveiro por compressão a frio. Útil como inibidor de bolor, inseticida, para abrandar dor de dente e como ingrediente culinário. Encontrado em lojas de cosméticos e de produtos odontológicos.
GESSO	Pó branco feito de sulfato de cálcio. Forma uma pasta quando misturado com água e pode ser moldado antes de se solidificar. Também é absorvente e eficaz na remoção de manchas em granito. Encontrado em lojas de materiais artísticos e de materiais de construção.

INGREDIENTES ÚTEIS

LEITE ESTRAGADO — É o leite deixado fora da geladeira antes de ficar sólido. O tempo para o leite azedar varia de acordo com a temperatura ambiente e o prazo de validade. Excelente na remoção de tinta de caneta ou impressora.

GOMA-LACA — Verniz feito de uma substância resinosa secretada pelos poros da carapaça do inseto cochonilha (*Coccus lacca*). A substância é dissolvida em álcool ou solvente similar. Usado na fabricação de verniz, polidor e cera seladora. Atua também como impermeabilizante.

ÓLEO DE AMÊNDOA DOCE — Útil na limpeza de osso e marfim. Encontrado em supermercados e farmácias.

TALCO — Extraído de um mineral macio cinza-esverdeado. É um abrasivo muito delicado, usado como lubrificante e também como absorvente.

ÓLEO DE TEA TREE OU DE MALALEUCA — É um antisséptico natural e tem uso antibacteriano, além de ser um potente germicida. Deve ser misturado com água.

AGUARRÁS — É o óleo volátil e a resina extraídos por destilação das árvores. Solvente para tintas à base de óleo.

ESSÊNCIA DE BAUNILHA — Extraída do grão de baunilha. É combinada com álcool e dá aroma e sabor aos alimentos. Também tem ação desodorizante. Encontrada em supermercados.

DESINFETANTE ANTIBACTERIANO E ANTISSÉPTICO — Usado na limpeza de fluidos corporais.

VINAGRE	É um ácido utilizado como agente profilático, como tempero e também como limpador e higienizador. O tinto funciona melhor em superfícies duras, e o branco, em tecidos e em mármore branco. É encontrado em supermercados.
LIXA PARA METAIS	Papel abrasivo bem fino. Encontrado em lojas de tintas, de acessórios para automóveis e de materiais de construção.
SAPONÁCEO EM PÓ	Encontrado em supermercados.
HAMAMÉLIS	Extraída da casca do caule e das folhas de um arbusto, o *Hamamelis virginiana*. Usada como calmante suave, como adstringente e em loções. Encontrada em supermercados e farmácias.
SABÃO ESPECIAL PARA ROUPAS DE LÃ OU DELICADAS	Sabão suave combinado com óleo de eucalipto e bicarbonato de sódio. À venda em supermercados.
ÓLEO DE MINERAIS E DERIVADOS DE PETRÓLEO	Serve para conter vazamentos de água e impedir a corrosão.

COZINHA

A cozinha é o centro da casa. É para onde vamos, especialmente quando sentimos fome. Ali guardamos, preparamos, servimos e frequentemente comemos a comida. É para onde os pratos e talheres sujos voltam e onde lidamos com as sobras e o lixo. É uma área que exige constante limpeza, mas também é lugar de expressar nossa criatividade culinária. Mantenha a cozinha limpa e higiênica, porque não é boa ideia envenenar os convidados ou os filhos!

QUEBRA-GALHO

Panela quente sobre fórmica: a história do John

PROBLEMA Moro em uma casa alugada que tem um balcão em fórmica amarela bem estilo anos 70. Não sei como, mas coloquei uma panela quente no laminado e ficou uma marca queimada. Já tentei limpar com todos os produtos de limpeza comuns, mas nada funcionou. Como posso limpar isso para devolver a casa ao proprietário?

SOLUÇÃO A solução dependerá da profundidade da queimadura. Mas, de qualquer forma, é preciso esquentar a fórmica novamente. Pegue um pano previamente mergulhado em água quente e, depois de torcido, coloque-o sobre a área queimada. Se for uma queimadura superficial, coloque fluido de limpeza a seco numa bola de algodão e esfregue no local. Então limpe com um pano úmido.

Se a queimadura for profunda, coloque fluido de limpeza a seco numa bola de algodão, acrescente um toque de saponáceo com detergente e aplique a mistura no local. Depois limpe com um pano úmido. Se a queimadura for muito feia, você terá que repor uma parte da fórmica e precisará de um restaurador ou outro profissional para fazer isso.

FORNO

Ainda consigo ver minha avó limpando o forno. Ela enrolava um pano de prato no rosto para tentar se proteger da fumaça que o agente de limpeza (soda cáustica) fazia. Eu ficava longe da cozinha por umas duas horas. Os métodos não são tão drásticos hoje em dia, entretanto prefiro usar bicarbonato e vinagre para limpar o forno, em vez de produtos próprios para isso.

Tenha cuidado para limpar o forno, pois a maioria é feita de esmalte e aço. Esmalte é essencialmente um vidro muito resistente aplicado sobre uma base de aço e arranhará se você esfregar abrasivos. Se possível, passe um pano no forno toda vez que o usar e limpe-o totalmente a cada duas vezes que o usar.

Certifique-se de que ele esteja frio para você não se queimar. Retire as grades, suportes e outras partes removíveis, borrife a superfície com bicarbonato e jogue vinagre por cima. Vai efervescer um pouco quando os dois entrarem em contato. Esfregue com esponja ou escova de nylon assim que efervescer.

Para limpar as paredes do forno, use uma esponja umedecida com bicarbonato e outra umedecida com vinagre. Aplique primeiro a esponja com bicarbonato, então coloque a esponja com vinagre por cima e aperte, espalhando o vinagre nas duas esponjas. Depois da limpeza, enxágue com água. Se ainda ficarem marcas ou queimaduras, reaplique bicarbonato e vinagre várias vezes e use escova de nylon para esfregar. Para conseguir enxergar o teto do forno na hora de limpar, coloque um espelho pequeno no fundo dele.

Limpe as partes removíveis do forno com bicarbonato e vinagre e espere um pouco antes de lavá-las na pia com água e detergente.

Se seu forno estiver muito arranhado, dê polimento com lixa para metais umedecida ou mande esmaltar o forno novamente.

PERGUNTA	*– Tem uma queimadura enorme no vidro do meu forno – diz Natalie. – Dá para fazer alguma coisa?*
PROBLEMA	Queimadura no vidro do forno.
O QUE USAR	Bicarbonato, vinagre, escova de nylon.
COMO FAZER	Salpique bicarbonato sobre a queimadura na mesma quantidade que salpicaria açúcar em cima de um bolo. Borrife igual quantidade de vinagre. Enquanto estiver efervescendo, esfregue com a escova de nylon e enxágue. Talvez seja preciso repetir o processo várias vezes.

GRILL

O grill é um pequeno forno e deve ser limpo do mesmo jeito. Para a limpeza diária, retire as partes removíveis do grill e lave com água e detergente. A maior parte das manchas deverá sair. Para as manchas mais teimosas, use bicarbonato e vinagre como descrito no item do forno.

FOGÃO E TAMPA DO FOGÃO

Quase botei fogo na casa quando tinha 14 anos. Estava fritando batata e fui atender à porta. Demorei só uns dois minutos e nesse tempo o plástico do exaustor e até a fiação elétrica na parede de tijolos pegaram fogo. Nunca deixe de vigiar a frigideira!

Toda vez que você fizer fritura, esfregue a área com bicarbonato e vinagre ou com água quente e detergente. Não use nada áspero para não riscar a superfície. Só coloque as partes removíveis de volta quando estiverem limpas.

PROBLEMA Marcas de fumaça na tampa do fogão.
O QUE USAR Cinza, bicarbonato, vinagre e pano.
COMO FAZER Use cinza de cigarro ou de lareira. Você precisará de cinza suficiente para cobrir com uma fina camada a área da mancha. Esfregue a cinza sobre a marca e limpe com um pano com bicarbonato e vinagre.

PROBLEMA Arranhões na tampa do fogão.
O QUE USAR Bicarbonato, esponja e vinagre; ou saponáceo em pó e pano.
COMO FAZER Coloque bicarbonato em uma esponja e esfregue sobre o arranhão, depois esfregue por cima com uma esponja encharcada com vinagre. Se não funcionar, use saponáceo em pó. Salpique o saponáceo sobre o arranhão como se estivesse jogando açúcar sobre um bolo e esfregue a área com um pano úmido.

PROBLEMA Cera de vela no fogão.
O QUE USAR Cubo de gelo e faca de mesa; ou espátula de madeira ou plástico, detergente e pano; meias velhas.
COMO FAZER Esfrie a cera colocando gelo, depois raspe o que conseguir com a faca de mesa. Se estiver tirando cera de um fogão esmaltado, use espátula de madeira ou plástico. Então misture água fria com detergente num pano para remover possíveis restos da cera. A água precisa ser fria, porque água quente amolece e espalha a cera, o que a deixa ainda mais difícil de remover. Se estiver muito difícil de tirar a cera, esfregue-a

com uma meia velha ou meia-calça. Se for derreter vela no fogão, use uma panela de fundo duplo e sempre aqueça e mexa a panela lentamente.

PROBLEMA Chocolate no fogão.
O QUE USAR Secador de cabelo, pano molhado.
COMO FAZER Sempre use panela de fundo duplo se estiver preparando chocolate no fogão. Chocolate queimado gruda como cimento e só é removido com secador de cabelo e pano úmido. Cubra o chocolate com o pano úmido. Levante uma ponta do pano e direcione o ar quente do secador para baixo do pano, para o chocolate derreter lá dentro. Aprendi esse truque nas aulas para chef em que deixava muitos respingos. Também deixei de gostar de cheiro de chocolate durante anos.

COIFA E EXAUSTOR

Se você parar para pensar em toda a fumaça e as partículas absorvidas pela coifa, perceberá que ela precisa de limpeza. A maioria das coifas modernas tem filtros de aço inoxidável que podem ser colocados na lava-louça ou esfregados na pia com detergente e escova de nylon. Use bicarbonato e vinagre se estiver muito manchado. Filtros de carvão vegetal precisam ser lavados do lado contrário – por onde a fumaça sai – e devem ser trocados regularmente. Veja as orientações do fabricante.

O exaustor minimiza as manchas nos armários e os odores na casa. O armário que fica ao lado do fogão sempre fica engordurado. Use-o para guardar latarias em vez de pratos e copos que precisam ser lavados para tirar a gordura. Também não guarde alimentos embalados em caixas no armário perto do fogão, porque o calor e a gordura afetam o papelão e podem penetrar na embalagem.

PANELA E CAÇAROLA

Panelas e caçarolas podem ser de aço inoxidável, alumínio, teflon, cobre, ferro fundido, estanho, vidro ou esmaltadas. A melhor maneira de lavá-las é com água e detergente. Não coloque panelas e caçarolas em lava-louças se o cabo for de madeira, plástico ou baquelita, porque enfraquece e quebra. Manchas saem mais facilmente se você colocar um pouco de água e uma gota de vinagre em suas panelas assim que terminar de usá-las.

Se você tiver panelas de ferro fundido, nunca coloque na lava-louça, porque enferrujam. Em vez disso, lave-as à mão e seque-as no forno. Ligue o forno na temperatura mais baixa e deixe-o esquentar, então desligue o forno e deixe a panela de aço fundido lá dentro até que seque.

Esfregue a base da panela de aço fundido com um pouco de azeite usando papel toalha e deixe a panela secar mais uns dois minutos no forno quente antes de esfregar de novo com o mesmo papel toalha.

Tenho muita força na mão e sempre quebro a parte de plástico das minhas tampas. E não há nada mais difícil que tirar um tampa quente sem essa peça, que pode facilmente ser trocada por uma maçaneta de metal com rosca.

PERGUNTA — *Cozinho sempre na mesma panela velha – diz Graeme. – Para você ter uma ideia: se não puder cozinhar na minha panela, eu não como o que preparei. Mas a panela está com muita gordura acumulada, que, apesar de eu às vezes esfregar, não diminui. Tem alguma coisa que eu possa fazer?*

PROBLEMA Panela queimada.
O QUE USAR Bicarbonato, vinagre, escova de nylon.
COMO FAZER Polvilhe bicarbonato na panela e espirre vinagre em cima. Vai efervescer um pouco. Esfregue com escova de nylon enquanto estiver efervescendo. Se a queimadura estiver muito feia, você pode precisar repetir a operação duas ou três vezes.

PROBLEMA Manchas de ovo na panela.
O QUE USAR Luvas de borracha, casca de ovo, papel-alumínio e vinagre.
COMO FAZER Vista as luvas de borracha. Coloque dentro da panela meia casca de ovo, uma tira de papel-alumínio e uma xícara de vinagre. Reserve por meia hora e a mancha de ovo sairá. Funciona porque o cálcio na casca de ovo cria um depósito de cal que absorve o ovo. Aprendi isso no caderno da minha tia-avó Letitia.

PROBLEMA Ferrugem na panela/caçarola.
O QUE USAR Batata, bicarbonato.
COMO FAZER Corte uma batata ao meio e mergulhe a parte cortada em um pouco de bicarbonato. Esfregue na ferrugem e enxágue com água. O amido e o iodo da batata removem a ferrugem. O bicarbonato reage com o amido e com o iodo e forma um leve cáustico.

PROBLEMA Panela amassada.
O QUE USAR Colher de pau e martelo.
COMO FAZER Coloque a ponta da colher de pau do lado de dentro da parte amassada e bata com o martelo levemente no cabo da colher até que desamasse. Se for o fundo da panela que estiver amassado, coloque um bloco de madeira dentro e outro embaixo da panela e bata neles com o martelo. Isso tira o amassado e você poderá cozinhar na panela novamente alinhada. Essa técnica também pode ser usada em panelas de teflon.

PERGUNTA *– Comprei algumas vasilhas antigas de baquelita numa loja de usados – diz Jane –, mas elas estão arranhadas. Dá para fazer alguma coisa?*

PROBLEMA Arranhões em vasilhas antigas de baquelita.
O QUE USAR Óleo de amêndoas doce, papel toalha ou algodão; ou saponáceo em pó, glicerina e pano.
COMO FAZER Aplique pequena quantidade de óleo de amêndoas doce com papel toalha ou uma bola de algodão. Limpe. Se os arranhões forem profundos, use saponáceo em pó e glicerina. Misture ½ colher de chá de saponáceo em pó e ½ colher de sopa de glicerina. A consistência deve ser a de um creme mole. Esfregue a mistura com movimentos circulares com um pano até que os arranhões saiam, depois limpe.

PROBLEMA Cabo de panela colado começou a soltar.
O QUE USAR Barbante de culinária e cola forte e resistente ao calor.
COMO FAZER Enrole o cabo com o barbante de culinária e cubra o cabo com a cola forte e resistente ao calor. Isso forma um

impermeabilizante higiênico e não tóxico. O cabo pode se soltar novamente se for lavado muitas vezes em lava-louça ou se ficar de molho em água fervendo.

UTENSÍLIOS

Torrar café, fazer pão... Para tudo precisamos de utensílios. A maioria dos utensílios pode ser limpa com detergente e água, seja na pia, seja com esponja. Limpe-os o mais rápido possível, porque quando a comida se solidifica fica muito mais difícil de tirar. Separe os utensílios sempre que possível, mas nunca coloque nada elétrico na água. Se tiver mancha em superfícies de plástico, esfregue primeiro com glicerina, depois use bicarbonato e vinagre. Para remover marcas de ferrugem, use uma pasta de glicerina e talco.

CHALEIRA

Bebo muito chá todos os dias, então lavo a chaleira muitas vezes. Para limpar a parte externa da chaleira use bicarbonato e vinagre. Aplique com duas esponjas, uma com bicarbonato e outra com vinagre. Comece com a esponja com bicarbonato e depois esfregue a esponja com vinagre.

PERGUNTA — *Minha chaleira elétrica de aço inoxidável está com acúmulo de resíduos pelos anos de uso — diz Cecily. — O que devo fazer?*

PROBLEMA   Resíduos na chaleira.
O QUE USAR   Bicarbonato, vinagre e escova de nylon.
COMO FAZER   Você pode esfregar bicarbonato e vinagre com uma escova de nylon. Nas áreas de difícil acesso, use uma escova de dente velha.

CAFETEIRAS/MÁQUINAS DE CAFÉ

Limpe com bicarbonato e vinagre. As áreas que têm contato com o café devem ser enxaguadas com solução salina, o que também faz o café ficar mais gostoso. Limpe as áreas que ficam em contato com leite primeiro com água fria para remover proteínas e depois com água quente para remover gordura. Não é bom usar detergente, porque faz o leite coalhar e grudar resíduos, favorecendo a proliferação de bactérias.

MIXER/LIQUIDIFICADOR

Coloque no liquidificador duas colheres de chá de bicarbonato, ½ xícara de vinagre e ligue. Lembre-se de usar a tampa ou então a mistura se espalhará pela cozinha inteira. Enxágue com água. Eu fazia patê para restaurantes e uma vez me esqueci de colocar a tampa. Parecia um vulcão cuspindo fígado quente pela cozinha. Limpei a cozinha durante semanas! Se você for bater algo quente no liquidificador, coloque antes da tampa um pano de prato. Isso protege a tampa para evitar que derreta, aumente de tamanho ou encolha. Também reduz a bagunça na cozinha no caso de a tampa ser expelida por causa do calor. Se o encaixe da tampa não for muito bom, segure-a com a mão enquanto o liquidificador estiver ligado.

TORRADEIRA

Limpe a parte externa da torradeira com bicarbonato em uma esponja e vinagre em outra. Esfregue a esponja com bicarbonato primeiro, depois a esponja com vinagre. Na parte de dentro, pulverize sal grosso, cubra a abertura com as mãos e agite para cima e para baixo algumas vezes. É o suficiente para limpar e evita a proliferação de parasitas. Jogue o sal da torradeira no lixo. Certifique-se de ter tirado todo o sal ou pode causar corrosão.

COMO REMOVER MANCHAS DE GARRAFA TÉRMICA

Para remover manchas antigas de jarras ou garrafas térmicas, coloque dentro duas colheres de chá de bicarbonato e ½ xícara de vinagre. Coloque a tampa e agite, mas não muitas vezes, porque pode explodir. Tire a tampa, deixe descansar por meia hora, encha com água quente e deixe da noite para o dia. Na manhã seguinte, agite e enxágue.

QUEBRA-GALHO

MICRO-ONDAS

Adoro micro-ondas e é muito mais fácil de limpar que o forno. O prato giratório de vidro ou porcelana pode ser tirado e lavado na pia com detergente. Seque-o bem antes de colocar de volta ou as rodinhas vão enferrujar. Retire os anéis de nylon e rodinhas e limpe com detergente. Seque.

Na parte interior, salpique bicarbonato primeiro, acrescente vinagre e esfregue com esponja. Para as laterais e parte superior, use o método das duas esponjas: esfregue primeiro uma com bicarbonato e depois outra com vinagre.

Acho que vale a pena aprender a realmente usar o micro-ondas, porque é possível cozinhar com arte usando-o. Todos os micro-ondas têm manual de instruções e livro de receitas. Se você não tiver, entre em contato com o fabricante que lhe enviará um, geralmente sem custo. Lembre também que micro-ondas têm diferentes configurações de temperatura, então cada aparelho é diferente do outro.

PROBLEMA	Respingo de alimentos dentro do micro-ondas.
O QUE USAR	Vinagre branco, água, bicarbonato, tigela grande para micro-ondas.
COMO FAZER	Misture ½ xícara de vinagre, 1 xícara de água e 1 colher de sopa de bicarbonato em uma tigela grande para micro-ondas. Coloque a tigela no micro-ondas sem tampar e ligue na temperatura máxima por alguns minutos. A mistura pode ferver, mas não transbordar, durante um minuto. Enquanto o micro-ondas ainda estiver quente e com vapor, limpe com um pano.

LAVA-LOUÇA

As lava-louças podem salvar muitos relacionamentos, mas estragam muita louça de barro, muitos talheres e utensílios de vidro. Odeio lava-louças porque elas lavam lançando pequenos jatos de sabão, alimentos e água em alta velocidade; é quase como se você areasse pratos e talheres. Tenha isso em mente quando colocar seus utensílios nela. Jamais coloque porcelana fina, cristal, itens com detalhes em ouro ou talheres de qualidade na lava-louça. Alguns estragos não têm conserto, nem mesmo para mim.

Enxágue os utensílios antes de colocá-los na lava-louça. Objetos sensíveis ao calor devem ser colocados sempre por cima; panelas devem ser colocadas de cabeça para baixo na parte do meio. E não coloque muita coisa, porque porcelana e vidro podem quebrar se esbarrarem lá dentro. Nunca coloque partes elétricas. E sempre use sabão de qualidade e secador líquido que dissolva bem.

Se sua lava-louça estiver com cheiro, coloque bicarbonato no compartimento de sabão, vinagre no compartimento de secador líquido e a ligue vazia. Isso também limpará os canos de drenagem. Se o cheiro estiver muito ruim, esfregue as borrachas e o interior com essência de baunilha. Isso tira o cheiro e tem ação antibacteriana. Se as borrachas estiverem deterioradas, aglomeram bactérias. Para ajudar a evitar que deteriorem, esfregue as superfícies com sal seco e depois com essência de baunilha.

GELADEIRA

Jamais vou esquecer como estava a geladeira do meu amigo quando ajudei na mudança dele. Ficou desligada durante umas semanas, e a porta ficou totalmente fechada. O bolor tinha tomado conta da porta inteira, em todos os cantos. Acabamos lavando a geladeira com mangueira, no quintal.

A maioria das geladeiras é fácil de limpar, especialmente as autolimpantes. Limpe a geladeira uma vez por mês com bicarbonato e vinagre. A melhor hora para isso é antes de guardar as compras do supermercado, porque estará vazia. Retire as prateleiras e compartimentos e os lave com bicarbonato e vinagre. Para limpar os lados, coloque bicarbonato em uma esponja e vinagre em outra, aperte a esponja de vinagre em cima da de bicarbonato e esfregue.

Para reduzir gastos, coloque uma espuma emborrachada fina embaixo dos alimentos na gaveta de legumes. Isso impede que os alimentos fiquem presos nas reentrâncias e faz com que durem mais tempo, porque o ar circula ao redor deles. A espuma também pode ser lavada.

Limpe a borracha da porta com pano de prato embebido em vinagre e bicarbonato. Enrole o pano de prato numa faca de plástico e limpe as partes estreitas da borracha. Se der para passar um pedaço de papelão pela porta fechada, é hora de trocar a borracha. É possível encontrar essas borrachas em lojas de ferragem, no tamanho certo para sua geladeira ou por metro. Troque a borracha você mesmo, usando cola apropriada.

O exterior da geladeira, incluindo as de aço inoxidável, deve ser limpo com bicarbonato e vinagre. Baratas são atraídas pelo calor do motor, então espalhe sal embaixo dele. Se usar armadilhas para baratas, coloque uma atrás do micro-ondas, uma de cada lado do forno e uma embaixo da geladeira.

COMO ARMAZENAR LÃ DE AÇO

Certa vez, eu limpei um velho freezer com lã de aço bem fina e, sem querer, a deixei lá dentro. Quando a descobri, estava sem nenhuma ferrugem. Agora, guardo lã de aço num saco plástico dentro do freezer para evitar ferrugem.

PROBLEMA · Mau cheiro na geladeira.
O QUE USAR · Prato pequeno com divisórias, essência de baunilha, bicarbonato.
COMO FAZER · Tente descobrir a fonte do mau cheiro e a tire da geladeira. Intercale nas divisórias do prato essência de baunilha e bicarbonato. Pratos para sushi são ideais para isso. Coloque o prato na geladeira; o mau cheiro será absorvido e a geladeira ficará desodorizada.

PROBLEMA · Descongelar o freezer mais depressa.
O QUE USAR · Açúcar, luvas de borracha, espátula de borracha.
COMO FAZER · Depois de desligar a geladeira, salpique açúcar na base do freezer. Isso acelera o processo de degelo. Use luvas de borracha ou espátula de borracha para tirar o gelo. Jamais use secador de cabelos ou aquecedor, pois podem danificar o reservatório do gás congelante. Também não use faca com corte para não furar o reservatório e deixar o gás escapar.

REFRIGERADOR DE VINHO DIFERENTE

Telha de terracota não vitrificada é um ótimo refrigerador para vinho. Encharque uma telha com água e coloque junto com o vinho no balde de gelo. A telha também ajuda o gelo a durar mais tempo. Faça seu balde de gelo com um vaso limpo de terracota não vitrificada. Mergulhe o vaso na água e o coloque no freezer até a hora de usar. A evaporação mantém o vinho gelado.

BALCÃO

Assim como se descobre a idade de uma árvore contando seus anéis, pode-se calcular a idade de uma cozinha pelo tipo de balcão que ela tem. Se for marrom, laranja queimado ou verde-abacate, provavelmente é dos anos 70. Fórmica com pintas sugere anos 50. E aço inoxidável, com certeza, é dos anos 90. Não importa a moda, todo balcão pede limpeza e manutenção. Se sua cozinha é bem ventilada, mas sempre está com cheiro, significa que existem resíduos em alguma superfície ou no encanamento. Esfregue todo o balcão toda vez que cozinhar.

FÓRMICA

A melhor maneira de manter a fórmica limpa é com bicarbonato e vinagre aplicados com esponjas. Se tiver manchas difíceis de chá ou marcas de queimaduras leves, coloque glicerina na mancha por mais ou menos 5 minutos e depois use bicarbonato e vinagre. Jamais use abrasivo.

PROBLEMA Afastamento entre a fórmica e o balcão.
O QUE USAR Água, óleo de cravo, cola para madeira, pincel, filme plástico, morsa.
COMO FAZER Em ¼ de xícara de água morna, adicione 1 gota de óleo de cravo e mexa com uma colher até misturar completamente. Coloque 1 colher de sopa de cola para madeira. Passe a mistura com o pincel no espaço entre o balcão e a fórmica, preencha o espaço com filme plástico e aperte com a morsa. Coloque alguma coisa sob a morsa, como uma revista ou

um pedaço de madeira, para proteger o balcão. A mistura sela o espaço, enquanto o óleo de cravo previne contra mofo. Aprendi isso depois de morar em casas de aluguel bastante malcuidadas.

PERGUNTA — *Estava numa fase saudável e resolvi fazer sopa de beterraba – diz Lisa –, mas a tampa saiu do liquidificador e espalhou beterraba por todo o meu balcão de fórmica. Como posso limpar isso?*

PROBLEMA Manchas de beterraba no balcão.
O QUE USAR Vinagre; ou glicerina e algodão ou haste de algodão.
COMO FAZER Se estiver limpando a mancha ainda recente, limpe com vinagre. Se a mancha já secou, aplique glicerina com algodão ou haste de algodão, deixe agir por alguns minutos e limpe. Para evitar que isso aconteça, coloque um pano de prato sobre o copo do liquidificador embaixo da tampa. Se a tampa sair, o pano de prato segura a sujeira. Se o encaixe da tampa não for muito bom, segure a tampa com a mão enquanto o liquidificador estiver ligado.

CORIAN

O corian é composto de muitos materiais diferentes, incluindo quartzo, mármore, granito, mica, feldspato e sintéticos como policarbonato, epóxido ou misturas de cimento. Limpe com bicarbonato e vinagre. Se tiver acabamento de poliuretano, use detergente e água.

MÁRMORE

Balcão de mármore é considerado glamouroso. Mas deve-se tomar cuidado ao limpá-lo por ser poroso. A melhor maneira de limpar o mármore é salpicando bicarbonato e depois espirrando a mistura de 1 parte de vinagre para 4 partes de água por cima. É importante diluir o vinagre, porque ele puro pode reagir com a cal (óxido de cálcio) do mármore e criar buracos ou deixar a superfície áspera. Se a superfície não for impermeabilizada com poliuretano ou outro impermeabilizante, use cera líquida de boa qualidade para piso de mármore para deixá-la menos porosa e menos propícia a absorver manchas.

O jeito de descobrir se o mármore é impermeabilizado com poliuretano é olhar no nível do mármore e acender uma luz sobre a superfície dele. Se o feixe de luz que se refletir for ininterrupto, o mármore é impermeabilizado com poliuretano. Se o feixe de luz tiver linhas e pontos, não é impermeabilizado.

PROBLEMA Mancha no mármore.

O QUE USAR Bicarbonato, vinagre, água e filme plástico; ou glicerina e algodão; ou sal e limão.

COMO FAZER Para remover manchas de gordura ou óleo, misture 1 colher de sobremesa de bicarbonato, 1 de vinagre e 4 de água, fazendo uma pasta. Coloque a pasta na mancha e passe filme plástico por cima, deixando lá por, no máximo, 15 minutos. Retire o filme plástico com a mistura. A mancha deve sair junto. Para manchas de frutas, primeiro aplique glicerina com uma bola de algodão e depois use o método acima descrito. Para manchas de ferrugem, coloque um montinho de sal sobre a mancha e esprema limão em cima, o suficiente para molhar o sal. Esfregue e repita a operação. Não use limpador multiuso ou produto para tirar ferrugem no mármore, porque o faz dissolver.

PROBLEMA Lascas brancas com aparência de giz no mármore.

O QUE USAR Cera de vela, secador de cabelos, pano macio, cera para piso de mármore.

COMO FAZER Pegue uma vela da cor do mármore. Coloque um pouco da cera da vela em cima da lasca e use um secador de cabelos para lentamente derreter a cera no mármore. Dê um leve polimento com um pano macio até que a cera fique da mesma altura do mármore. Depois use a cera para piso de mármore em todo o balcão.

QUEBRA-GALHO

GRANITO

A melhor maneira de limpar granito é com bicarbonato e vinagre. Se tiver acabamento de poliuretano, mantenha a superfície limpa, porque pode fazer bolhas. Se o granito já estiver com bolhas, misture 1 parte de cola para madeira em 20 partes de água e injete com uma seringa. Faça isso em todas as bolhas e coloque um peso uniforme sobre elas. Pode usar um livro pesado, mas coloque filme plástico por baixo para não grudar. Cheque o tempo de secagem da cola na embalagem. Quando estiver seco, tire o excesso com água morna.

PROBLEMA Manchas de gordura no granito.
O QUE USAR Detergente e água; ou bicarbonato, vinagre, filme plástico; ou gesso, pincel, ferramenta de plástico ou madeira e pano úmido.
COMO FAZER Primeiro tente limpar a mancha com detergente e água. Se não funcionar, faça uma pasta de bicarbonato e vinagre e aplique-a sobre a mancha. Cubra com filme plástico até que fique quase seca. A gordura deverá sair com detergente e água. Você também pode usar gesso. Misture até ficar com consistência de pasta de amendoim, depois pincele a pasta sobre a mancha e deixe endurecer. Remova a mistura com ferramenta de plástico ou madeira para não arranhar a superfície. Esfregue o que sobrar com pano úmido. O emplastro tira a mancha por ser muito absorvente.

AÇO INOXIDÁVEL

A melhor maneira de limpar aço inoxidável é com bicarbonato e vinagre. Salpique bicarbonato, depois jogue um pouco de vinagre e esfregue com uma esponja. Enxágue com água e esfregue com um pano para remover qualquer resíduo. Repita se necessário.

PROBLEMA Arranhões em aço inoxidável.
O QUE USAR Saponáceo em pasta, esponja, bicarbonato, vinagre e pano.
COMO FAZER Aplique um pouquinho de saponáceo em pasta numa

esponja e esfregue no risco. Isso polirá a superfície. Então salpique bicarbonato e espirre um pouco de vinagre. Limpe com um pano.

MADEIRA

Se a madeira não tiver impermeabilizante, limpe com detergente e água e seque. Esfregue com óleo para móveis de boa qualidade. Para superfícies que entram em contato com alimentos, use pequena quantidade de azeite de oliva morno. Alguns deles contêm sedimentos vegetais, que podem atrair moscas de frutas, então passe pouco azeite e limpe todo o excesso. Use azeite somente em superfícies da cozinha. Bicarbonato e vinagre removerão qualquer mancha, mas se lembre de aplicar azeite por cima. Se preferir, mantenha a madeira úmida e sem lascas esfregando-a com casca de limão.

Limpe madeira impermeabilizada com bicarbonato e vinagre. Tenha muito cuidado com superfícies com poliuretano, porque se arranhar você terá que reaplicar um impermeabilizante. Nesse caso, esfregue com glicerina.

PROBLEMA Madeira amassada.
O QUE USAR Esponja quente e molhada, secador de cabelos.
COMO FAZER Corte a esponja no tamanho do amassado, molhe-a em água quente e coloque somente em cima da parte amassada. Deixe lá por 5 minutos, tire-a e seque o lugar com secador de cabelos. A madeira deverá voltar ao lugar. Não coloque esponjas quentes em nenhuma outra parte da madeira, ou também expandirá.

PROBLEMA Espaço entre o balcão de madeira e a faixa de acabamento que protege a parede.
O QUE USAR Luvas descartáveis de borracha, aguarrás mineral, impermeabilizante de silicone; ou água, fósforos e cera de vela.
COMO FAZER Existem algumas maneiras de consertar isso. Vista as luvas descartáveis de borracha e mergulhe a ponta do dedo na aguarrás. Coloque silicone no espaço com o dedo.

Outra maneira: coloque as luvas, mergulhe a ponta do dedo na água, acenda a vela e deixe-a pingar no espaço a ser preenchido, ajudando com o dedo. A cera da vela não dura tanto quanto o silicone e precisará ser reaplicada a cada seis meses, mas é mais fácil de reaplicar se necessário.

PERGUNTA — *Deixei um melão em cima do balcão de madeira e ele apodreceu* – conta Steve. – *Ficou uma mancha verde no balcão, e o verniz foi corroído.*

PROBLEMA Melão estragado em balcão de madeira.
O QUE USAR Bicarbonato de sódio, vinagre, escova de nylon, verniz.
COMO FAZER Limpe a área oxidada borrifando o bicarbonato, adicione vinagre e esfregue com a escova de nylon. Enxágue com água. Deixe secar e reaplique o verniz.

AZULEJO

Balcões de azulejo pedem cuidado especial devido às bactérias que se desenvolvem no rejunte. Limpe os azulejos e o rejunte borrifando bicarbonato por toda a superfície e em seguida aplicando vinagre. Passe um pano e enxágue. Recomenda-se limpar azulejos com mais frequência que as outras superfícies pelo fato de o rejunte ser muito absorvente. Use uma escova de dente velha para alcançar áreas mais difíceis.

TÁBUA DE PICAR CARNE E VEGETAIS

Tábua limpa é tábua higiênica! Pode ser de madeira, de plástico ou de vidro e quanto maior melhor. A tábua de madeira deve ser esfregada inteiramente toda vez que for usada, com detergente e água, e deve secar naturalmente. Para evitar que lasque, esfregue com azeite e palha de aço uma vez por semana. A madeira tem a vantagem de conter um antibacteriano natural.

A tábua de plástico deve ser lavada com detergente e água. Assim que ficar arranhada jogue fora, porque os arranhões abrigam bactérias. Limpe a tábua de vidro com bicarbonato e vinagre. Para facilitar a limpeza ao redor da tábua, use um pano de prato embaixo dela para recolher migalhas e lascas de alimentos. Isso também deixa a tábua mais firme e fica mais difícil riscar o balcão.

PIA

A maioria das pias de cozinha é de aço inoxidável ou esmaltado, embora atualmente existam pias de policarbonato ou cimento. A melhor combinação de limpeza é bicarbonato e vinagre. Se a pia estiver bastante manchada, use saponáceo em pasta, mas saiba que o produto contém um agente alvejante e abrasivo suave. Evite usar borato de sódio, pois é bastante tóxico e, não importa o quanto seja enxaguado, sempre deixará algum resíduo. Não use abrasivos em policarbonato e sempre use jatos de água fria antes de usar água quente, ou a pia pode rachar.

Atente para o que joga pelo ralo. Não apenas pode prejudicar o meio ambiente, como também pode acabar dando mais trabalho quando a pia começar a entupir. Não jogue óleo, gordura, ovos, proteínas ou produtos à base de amido pelo ralo. Para gordura e óleo, reutilize uma lata velha, coloque uma folha de papel toalha embaixo para conter respingos e guarde. Quando estiver cheia, leve a um posto de coleta para que sejam reciclados.

Se tiver fungos ou insetos embaixo da sua pia, coloque alguns cravos inteiros e sal, dentro do gabinete. Também pode esfregar um pouco de óleo de cravo nas bordas da porta do gabinete sob a pia. Aplique com um pano.

PROBLEMA   Riscos em pia de aço inoxidável.
O QUE USAR   Saponáceo em pasta, esponja, bicarbonato, vinagre, pano.
COMO FAZER   Aplique pequena quantidade de saponáceo em pasta em uma esponja e esfregue sobre o risco. Isso polirá a superfície. Então salpique bicarbonato e jogue um pouco de vinagre. Lustre com um pano.

PROBLEMA   Mancha no latão do aro da bacia da pia.
O QUE USAR   Bicarbonato, vinagre, esponja ou escova; ou pasta de dente e escova de dente velha.
COMO FAZER   Se a pia estiver desbotada, aplique bicarbonato e vinagre com esponja ou escova e esfregue. Se o aro estiver muito

corroído, ponha um pouco de pasta de dente numa escova de dente velha e esfregue no aro como se estivesse escovando os dentes. Enxágue com água.

PROBLEMA Canos pingando embaixo da pia.
O QUE USAR Corda de cânhamo.
COMO FAZER Desfaça um pedaço de corda de cânhamo e pegue mais ou menos seis linhas ou fibras. Retire o cano e envolva as fibras na rosca do cano para impermeabilizar. Coloque o cano de volta, ainda com as fibras. Elas expandirão assim que ficarem molhadas e são um excelente isolante. Essa técnica era usada antes de inventarem a fita veda rosca. Corda de cânhamo também serve para vazamentos na torneira e na pia.

PROBLEMA Mau cheiro no ralo da pia.
O QUE USAR Bicarbonato e vinagre.
COMO FAZER Jogue 1 colher de sopa de bicarbonato pelo ralo, logo em seguida jogue ½ xícara de vinagre. Deixe meia hora. Se continuar com cheiro, faça novamente. Se seu cano for de cobre ou latão, o cheiro ficará pior por mais ou menos meia hora e depois melhorará. Assim que enxaguar o cheiro sai.

PROBLEMA Bolor preto no silicone atrás da pia.
O QUE USAR Bicarbonato, vinagre, escova de dente velha; ou removedor de silicone, faca afiada, silicone ou cera de vela.
COMO FAZER Primeiro tente salpicar bicarbonato no bolor e depois jogar vinagre. Esfregue com a escova de dente velha e enxágue com água. Se isso não funcionar, talvez precise tirar o silicone com removedor especial e com faca muito afiada. Reaplique silicone ou cera de vela.

COMO LAVAR LOUÇA

A primeira regra é enxaguar pratos e talheres para tirar a maior quantidade de alimentos possível. Em vez de deixar a torneira aberta, use um pequeno balde para fazer isso. Coloque um pouco de água quente nas panelas sujas para deixar de molho. Coloque tudo o que precisa ser lavado de um lado da pia e do outro coloque o escorredor.

A água para lavar a louça deve ser quente, mas não muito. Use pequena quantidade de detergente e vista luvas de borracha. Siga esta ordem:

1. peças de vidro
2. peças de plástico
3. peças de porcelana
4. talheres
5. pratos
6. panelas, caçarolas e outros utensílios

Se você tiver duas pias, deixe uma com água quente e enxágue o item nela depois que for esfregado. Coloque o item no escorredor para secar naturalmente ou seque-o com pano de prato. Deixar secar naturalmente é mais higiênico.

– Estenda um pano de prato sobre o balcão e coloque as peças de vidro sobre ele para que sequem naturalmente. Isso evita que a louça fique com vestígios de pano.

– Não coloque porcelana fina ou objetos de vidro de qualidade em água mais quente do que sua mão suporta.

– Jamais use lã de aço em louça ou porcelana, não importa o quanto estejam sujas. Isso arranha a superfície, deixando-a porosa e vulnerável a sujeira e bactérias. Se tiver marcas acinzentadas, limpe com bicarbonato e vinagre.

– Nunca use polidores ou abrasivos em vidros policarbonados, porque arranha a superfície. Em vez disso, mergulhe em água morna com um pouco de detergente. Para manchas difíceis, primeiro aplique glicerina e depois lave com detergente.

– Para limpar as luvas que usou para lavar a louça, vire-as do avesso, vista-as e lave as mãos com sabão. Deixe-as secar no avesso.

TORNEIRA

Torneiras podem ser de aço inoxidável, cromo, latão ou de acabamento *powder coating*. Com exceção das torneiras com acabamento de *powder coating*, limpe com bicarbonato e vinagre. Para limpar a parte de trás das torneiras, use meia-calça velha. Passe a meia-calça por trás da torneira e segure cada ponta da meia com uma das mãos, puxando as pontas alternadamente.

Powder coating é um tipo de plástico aplicado com calor na superfície de metal, para deixar os objetos coloridos. Torneiras com esse acabamento normalmente são de cor creme, branca ou preta. Não use abrasivos nessa superfície, só lave com água e sabão e sempre abra a torneira de água fria antes da torneira de água quente ou o *powder coating* vai lascar e descolorir.

CANO DE ESGOTO

Canos de esgoto são feitos para mandar coisas abaixo, mas também podem deixar coisas entrarem, como insetos, por exemplo. Para impedir que insetos entrem, ponha tela embaixo do protetor do ralo. Isso também previne entupimentos.

Para afastar baratas, esfregue solução salina em volta do cano.

Se o cano estiver entupido, jogue pelo ralo ½ xícara de bicarbonato, depois ½ xícara de vinagre e deixe por meia hora. Também pode usar um produto cáustico apropriado. Mas, se seu encanamento é antigo e de ferro, o produto cáustico pode furar o cano (a soda cáustica é agente oxidante e corrói ferro), além de fazer proliferar bactérias.

ARMÁRIOS

Quanto mais você limpar os armários, mais limpos eles ficarão. Se puder, limpe-os rapidamente todos os dias. E não esqueça a parte de cima do armário. Por mais que você pense que "o que os olhos não veem o coração não sente", a poeira que se acumula ali gradualmente se espalhará pelo resto da cozinha. Experimente essa solução caseira que desenvolvi por tentativa e erro, que realmente tira o encardido.

Num jarro, misture ½ xícara de sabão em pó, 2 colheres de sopa de álcool mentolado, ½ xícara de vinagre e 2 colheres de sopa de bicarbonato. Tampe o jarro e agite até que todos os ingredientes dissolvam. Use para limpar a parte de cima do armário. É uma solução muito forte e pode corroer outras superfícies, então só use nessa área que ninguém vê. Para diminuir a frequência da limpeza, coloque papel – até jornal serve – em cima do armário e troque sempre.

A melhor hora para limpar a parte de baixo de armários fixados na parede é depois de fazer sopa ou ferver água na chaleira, porque o vapor amolece gordura e sujeira.

A maneira mais fácil de limpar as gavetas dos armários da cozinha é aspirar e passar pano úmido a cada duas semanas. Se já faz tempo que não as limpa, use bicarbonato e vinagre, depois esfregue com pano umedecido com água quente.

LOUÇA

A maioria das pessoas tem pratos para o uso diário e outros para ocasiões especiais. Louça pode ser de porcelana, cerâmica, vidro ou resina policarbonada. As de uso diário podem ser lavadas com água e detergente. Jamais deixe porcelana de molho, porque pode levantar o esmalte. Para evitar que sua porcelana de qualidade lasque e rache no armário, coloque um pedaço de papel toalha entre os pratos. Isso também evita desgaste. Não coloque porcelana com detalhes em ouro no micro-ondas ou no lava-louça.

PROBLEMA Pratos com marcas desbotadas.
O QUE USAR Sabão efervescente para dentadura.
COMO FAZER Coloque 2 tabletes de sabão para dentadura numa pia cheia de água quente. Coloque os pratos na pia e deixe durante a noite. Lave somente com água e coloque-os ao sol, se possível. Seque-os muito bem. Não importa o que digam, não mergulhe porcelana em alvejante. Isso pode levantar o esmalte e deixar marcas brancas que não saem.

PROBLEMA Xícara de chá/bule de chá manchado.
O QUE USAR Bicarbonato, vinagre, escova de nylon; ou álcool mentolado, algodão ou pano.
COMO FAZER Misture 1 xícara de chá de bicarbonato com 1 colher de sopa de vinagre. Esfregue dentro da xícara ou bule com escova de nylon. Enxágue com água. Se as xícaras tiverem borda de ouro, o tanino do chá fará juntar espuma na borda. Remova a espuma com álcool mentolado aplicado com algodão ou pano.

PROBLEMA Louça lascada.

O QUE USAR Sabão para dentadura e glicerina; ou lima safira, glicerina ou cola forte e resistente ao calor.

COMO FAZER Essa solução é temporária. Limpe o prato numa pia com água quente e 2 tabletes de sabão para dentadura. Deixe o prato secar totalmente ao sol. Encha a parte lascada com glicerina, para impermeabilizar.

O melhor é jogar a louça lascada fora, pois bactérias podem se infiltrar na superfície porosa. Mande as peças especiais para restauração. Se a lasca for afiada, lixe com lima safira (lixa com base de safira, que lixa vidro) ao redor da extremidade da lasca, não abaixo, nem transversalmente. Aplique glicerina.

Outra opção é usar cola forte e resistente ao calor para impermeabilizar a lasca. Se o prato estiver com linhas da cor cinza, significa que está sem impermeabilizante e que a sujeira já penetrou no prato. Em vez de jogá-lo fora, guarde para usar como prato para vaso de plantas, por exemplo. Leve para restaurar as peças valiosas.

SAL E PIMENTA

Para deixar o sal do saleiro soltinho, coloque arroz dentro. No caso da pimenta, coloque ervilhas secas, que também funcionam para o queijo parmesão ralado.

TALHERES

Lave os talheres com água e detergente. Se estiverem muito sujos, manchados ou com marcas de ferrugem, primeiro use bicarbonato e vinagre. Talheres de ouro só devem ser limpos com bicarbonato e vinagre.

Os de latão, cobre, prata e estanho também podem ser lavados numa panela de alumínio velha com ½ xícara de bicarbonato de sódio dissolvido em 4 xícaras de água quente. Coloque os talheres e deixe por alguns minutos. Não coloque as mãos sem proteção na água para não se queimar. Use luva de borracha ou utensílios de cozinha feitos de madeira ou espeto para manipular as peças. Enxágue os talheres com água e vinagre. Jamais coloque água na panela de alumínio após a limpeza dos talheres. Primeiro despeje a solução para evitar que transborde devido à reação entre o alumínio, o bicarbonato de sódio e a água quente e depois lave bem a panela.

Um jeito antigo de deixar os utensílios de prata polidos como vidro é esfregar com uma pasta de farelo de cereais e vinagre. Vista luvas de algodão ou um velho par de meias de algodão para que o ácido de suas mãos não afete a prata. Retire a pasta e depois dê polimento com um pano.

Tire arranhões de utensílios de prata esfregando um punhado de farelo de cereais com as mãos. Não use produtos próprios que contenham silicone.

Limpe estanho com farelo de cereais e vinagre, mas cuidado para não polir demais ou removerá a pátina e desvalorizará a peça.

Para limpar, polir e impermeabilizar talheres com cabo de osso, misture 20 partes de óleo de amêndoas doces com 1 parte de óleo de cravo e mexa até misturar completamente. Esfregue a mistura nos cabos. Se eles estiverem secos e rachados, deixe-os de molho na mistura. Depois de esfregar, dê polimento com um pano limpo. Se o osso estiver muito sujo, primeiro limpe com bicarbonato e um pouco de água. Jamais aplique calor no osso, porque descolore e racha.

PERGUNTA — *Gostaria de saber como faço para minha lava-louça não deixar ferrugem nos meus talheres de aço inoxidável – diz Nicole.*

PROBLEMA Ferrugem nos talheres.
O QUE USAR Bicarbonato e vinagre.
COMO FAZER O lava-louça joga jatos de sabão nos seus talheres e cria marcas de ferrugem. Dê polimento à mão nos talheres, com uma pasta de vinagre e bicarbonato, esfregue e enxágue com água.

PERGUNTA — *Meus talheres tailandeses de cobre estão com marcas verdes – diz Susan. – Isso sai?*

PROBLEMA Marcas verdes em talher de cobre.
O QUE USAR Bicarbonato, vinagre e escova de nylon.

QUEBRA-GALHO

COMO FAZER Coloque os talheres dentro da pia, salpique bicarbonato e depois espirre vinagre em cima. Esfregue com escova de nylon e enxágue. Os tailandeses usam talher de cobre porque o curry fica mais adocicado se comido com talher de cobre. Prata dá um sabor mais ácido ao tempero.

FACAS

Eu me lembro de, quando jovem, ver um chef chinês criando esculturas de vegetais com um cutelo. Era uma visão fantástica. Mais tarde, aprendi que metade da destreza vem apenas da faca! Escolha a melhor que puder pagar. Sugiro comprar um cutelo chinês, uma faca de carne grande, outra de lâmina curvada, uma faca serrada para pão, outra para vegetais e uma faca de lâmina curta para cortar frutas e vegetais. Escolha aço de alta qualidade e certifique-se de que tenham cabos sólidos e bem seguros.

Se usar as ferramentas erradas para amolar facas, elas enferrujarão. Só as amole com haste de aço e pedra de amolar. Jamais use amoladores redondos baratos ou desmagnetizará as lâminas e ganhará marcas de ferrugem. Na dúvida, leve a um amolador profissional. Jamais use lã de aço para limpar facas ou enferrujarão.

OBJETOS DE VIDRO

O que mais agride o vidro é temperatura muito alta ou muito baixa, produtos químicos e abrasivos. Para proteger seus objetos de vidro, evite colocá-los na lava-louça. Como já disse, detesto lava-louças, especialmente em relação a vidro, porque deixa arranhões e a peça fica embaçada, e isso é irreversível. Não mergulhe vidro em detergente, nem use produtos com alvejante forte. Use apenas água.

Para evitar que o cristal fique embaçado, lave apenas com água quente, mas numa temperatura que não queime suas mãos. Adicione pequena quantidade de vinagre branco para prevenir que manche ou embace.

Para limpar taças de champanhe ou peças de vidro que sejam estreitas, coloque um pouco de azeite dentro e deixe alguns minutos. O azeite faz a sujeira se soltar. Pegue um pincel fino e de cabo longo, envolva a parte metálica com filme plástico e esfregue a parte de difícil acesso. Depois lave com água e detergente. Se for muito estreito para um pincel fino, pegue um espeto de bambu e corte a ponta dele até ficar parecido com um pincel.

– Sempre coloque um pano de prato no fundo da pia no caso de derrubar uma peça enquanto você lava. O pano de prato vai amortecer o impacto.
– Jamais deixe vinho no fundo da taça por muito tempo ou manchará.
– Para remover marca de batom da boca de copos, mergulhe algodão no vinagre e esfregue no batom.
– Não torça o pano de prato ao secar copos com suporte (taça, por exemplo), pois pode quebrá-los.

PROBLEMA Marca de espuma de sabão no copo.
O QUE USAR Vinagre, água e pano.
COMO FAZER Misture 1 colher de sopa de vinagre em 1 xícara de água. Coloque o copo na mistura. Dê polimento com o pano.

PROBLEMA Pequenas lascas na boca do copo.
O QUE USAR Lima safira.
COMO FAZER Coloque a lima horizontalmente e lixe a borda nessa posição lentamente. Jamais lixe cruzado ou para baixo.

COMO REMOVER RÓTULOS COLADOS

Minha família sempre tirou os rótulos dos objetos antes de levá-los para a mesa, porque parecia ser o melhor a fazer. E, como ainda não existiam potes de plástico, usavam-se potes de vidro para tudo! Existem várias maneiras de remover rótulos de potes de vidro e de plástico.

Um método é encher os potes com água quente até a tampa e deixar alguns minutos. Depois, tire a etiqueta com uma faca sem corte. Se ainda ficar cola, esfregue com óleo de melaleuca.

Outro jeito é pegar um pedaço de filme plástico maior que o rótulo e espirrar nele a mistura de 1 gota de detergente e um pouco de água. Depois o coloque em cima do rótulo e deixe 5 minutos ou mais, se a cola for muito forte. O rótulo sairá junto com o plástico.

Esfregar fluido de limpeza a seco ou óleo de eucalipto sobre o rótulo, e depois esfregar novamente para tirar o produto é mais uma alternativa. Só não se esqueça de neutralizar depois, usando álcool mentolado.

Não tente remover o rótulo colocando a peça de vidro inteira na água quente. O papel se dissolve, mas a cola não, e sobrará apenas uma bagunça de cola que você terá que esfregar, esfregar e esfregar.

DESPENSA

Por ter quatro irmãos, aprendi a cozinhar muito cedo. A primeira coisa que aprendi a cozinhar foi maçã com canela. Sempre gostei de cozinhar e experimentar sabores, e isso tudo fica muito mais fácil se a despensa estiver organizada.

Se você mantiver itens similares juntos, não perderá tempo procurando coisas. Se não tiver espaço suficiente na despensa, pense em colocar mais uma prateleira.

Mantenha os grãos separados dos outros tipos de alimentos, porque atraem insetos. Se abrir um pacote, guarde num pote onde não entre ar e escreva numa etiqueta o produto e a data de vencimento. Costumo cortar a parte da embalagem do produto que tem essas informações e colar no pote, com fita adesiva ou cola. Você também pode fechar o pacote com arame revestido de plástico ou presilha.

Colocar uma folha de louro no recipiente ajuda a afastar traças e gorgulho. Outro jeito de afastar gorgulho dos grãos é pegar um saquinho, encher de sal, fechar e fazer furos nele com um alfinete. Coloque o saquinho dentro do recipiente. Sempre tiro os cereais da caixa, porque papelão atrai insetos. Feche o saco plástico com pregador de roupas ou arame coberto com plástico.

A maioria dos enlatados dura de 2 a 4 anos, mas, quanto antes os consumir, melhor. A maioria tem data de validade, porém se não tiver, escreva a data da compra na lata. Aprendi isso do jeito mais difícil, quando uma lata estourou na minha despensa. Não quero passar pela experiência novamente tão cedo!

Guarde na geladeira embalagens de vidro abertas, como maionese e mostarda.

Óleo estraga e fica rançoso. Você só deve guardá-lo por 6 meses, mais ou menos. Em vez de comprar óleos em spray que custam caro, coloque óleo em uma embalagem pulverizadora.

Óleos reagem de forma diferente quando aquecidos, e alguns deixam mais gordura no seu armário do que outros. Óleo de semente de colza é o pior para deixar mancha oleosa, pois parece que faz mais fumaça. Uma vez comprei um tambor desse óleo e paguei barato, pensando que era um achado. Mas depois gastei mais dinheiro para limpá-lo. Entretanto, é excelente como óleo para salada ou para cozinhar em temperatura baixa.

A regra é: quanto melhor for a qualidade do óleo, menos espirra. Tenha em casa diferentes tipos de óleo, para usar sempre o óleo certo para o que estiver cozinhando. Por exemplo, não use azeite para fritar batatas, porque as queimará antes de fritá-las.

Coloque uma folha de papel toalha no fundo do pote de açúcar para evitar que forme pedras. No açúcar mascavo, coloque um pedaço de terracota.

Mantenha suas ervas desidratadas bem fechadas em potes de vidro ou plástico e em lugares onde não bata sol. Compre sempre em quantidades pequenas, porque perdem o sabor em 6 meses, mais ou menos. Melhor ainda se plantá-las no parapeito da sua janela.

PERGUNTA — *Nossa despensa vive lotada de traças que aparecem em qualquer coisa e em qualquer lugar – diz Michael. – Como podemos nos livrar delas?*

PROBLEMA Traças na despensa.
O QUE USAR Óleo de louro ou chá de menta e pano.
COMO FAZER Use óleo de louro num pano para esfregar as prateleiras ou chá de menta bem concentrado. Aplicar com frequência.

RECICLAGEM DE EMBALAGENS

Quase tudo o que compramos vem em embalagem. Guarde-as, pois existem muitas utilidades para elas. Por exemplo: embalagens plásticas podem ser reutilizadas para guardar restos de alimentos. Para tirar possíveis restos de gordura das embalagens, coloque um pouco de vinagre na água quando for enxaguar.

Até caixas de cereais podem ser convertidas em arquivos para papelada. Sacolas de plástico podem ser lavadas, penduradas para secar e reutilizadas. Use latas para guardar pregos e outros objetos. Guarde também os jarros, para os líquidos.

MÃOS SEM CHEIRO

Esfregar as mãos com bicarbonato e vinagre tira cheiro, especialmente depois de picar cebola, alho e pimenta malagueta. Uma alternativa é usar luvas descartáveis na hora de picar alimentos.

BANHEIRO

Parece que banheiros se multiplicam mais rápido que coelhos. O mínimo necessário agora parece ser pelo menos dois. O maior quarto da casa tem que ser suíte, e casas maiores têm a mesma quantidade de quartos e banheiros. E não podemos esquecer o banheiro da piscina!

Queremos que tudo esteja imaculado. E não somente para nós mesmos usarmos. Ninguém quer que as visitas vejam que o teto está embolorado ou que o azulejo está sujo ou, coisa pior, em alguma parte da nossa casa.

Já limpei muito banheiro na vida! Mas tenho prazer em fazer isso, porque é um cômodo desenvolvido para ser lavado. As superfícies são de fácil acesso e ficam brilhando quando estão limpas. Então, sempre fico satisfeita quando termino a limpeza.

E lembre-se: sempre faça o trabalho de cima para baixo.

QUEBRA-GALHO

Veja bem onde coloca latas de aerossol: a história da Deborah

INCIDENTE *Tenho uma bela penteadeira de mármore antigo. Mas está arruinada por causa de uns círculos de ferrugem que não consigo limpar. É uma pena, pois o mármore é muito bonito. Tem jeito de tirar essas marcas?*

SOLUÇÃO Faça um círculo de bicarbonato em cima da marca, adicione vinagre e esfregue com esponja. As marcas de ferrugem provavelmente foram causadas pelo fundo de uma lata de spray para cabelo. A maioria das latas não é impermeabilizada e, quando as latas entram em contato com a água, enferrujam.

Uma maneira de evitar isso é passar base de unha na parte de baixo das latas que deixa sobre a penteadeira. Você também pode deixar uma pequena bandeja de madeira na penteadeira para colocar as latas não impermeabilizadas ou fazer como antigamente e colocar paninhos.

PERGUNTA *– Têm umas pequenas moscas pretas no meu banheiro – conta Sam. – Elas sobem em direção ao telhado. Existe alguma coisa que eu possa fazer?*

PROBLEMA Insetos pretos no banheiro.
O QUE USAR Sal, vinagre e esponja.
COMO FAZER O inseto pode ser uma variedade de mosca de fruta. Muitos xampus contêm óleo de frutas, o que atrai alguns insetos. Certifique-se de manter o xampu bem fechado e mantenha as tampas das embalagens limpas.

Se os insetos forem besouros, faça uma solução de sal e água e passe nos ralos e parapeitos com esponja.

VASO SANITÁRIO

Alguém já ensinou você a limpar o vaso sanitário da maneira correta? Vou aceitar "não" como resposta. Vou indicar bicarbonato e vinagre, mas se sinta livre para usar produtos de limpeza, se preferir.

UTENSÍLIOS
Bicarbonato, vinagre, escova para vaso sanitário.

TÉCNICA
1. Dê descarga para molhar as paredes do vaso.
2. Espalhe bicarbonato na parte de dentro do vaso.
3. Esfregue a parte de cima do vaso usando a técnica das duas esponjas com bicarbonato e vinagre.
4. Limpe a parte de cima da tampa, embaixo da tampa, a parte de cima do assento e embaixo dele usando a mesma técnica.
5. Espirre vinagre sobre o bicarbonato no vaso e use uma escova para vaso sanitário para esfregar, inclusive a borda do vaso, com movimentos para cima e para baixo.
6. Esfregue a parte de cima da borda com esponja.
7. Enxágue a esponja em água quente e esfregue novamente.
8. Dê descarga.
9. Enxágue a esponja e esfregue a parte de fora do vaso até o chão, incluindo o cano da parte de trás.
10. Meus parabéns, você terminou!

TÉCNICA DA BOLA DE PINGUE-PONGUE

Se você tem um filho pequeno que tem dificuldade de fazer xixi dentro do vaso, coloque uma bola de pingue-pongue na água do vaso e peça para ele mirar nela. A bola de pingue-pongue não descerá pelo cano porque é muito leve, e você se surpreenderá ao ver que a mira dele ficará muito melhor.

PROBLEMA Manchas difíceis dentro do vaso sanitário.
O QUE USAR Copo pequeno de plástico, bicarbonato, vinagre e escova de nylon.
COMO FAZER Feche o registro do vaso sanitário. Retire a água do fundo do vaso com o copo plástico. Salpique bicarbonato por todo o vaso e espirre vinagre por cima. Esfregue com a escova de nylon. Abra o registro novamente.

PERGUNTA – *Nosso vaso sanitário tem marcas laranja de ferrugem da água do poço artesiano – conta Sue. – Como podemos remover as marcas?*

PROBLEMA Marcas de ferrugem/crosta de água dura.
O QUE USAR Limpador multiuso ou produto para tirar ferrugem, luvas de borracha e máscara.
COMO FAZER Ponha meia tampa de limpador multiuso ou produto para tirar ferrugem no vaso sanitário, deixe por uma hora, depois dê descarga. Isso evitará que o vaso sanitário manche quando limpar a crosta. Para manchas pesadas, esfregue o vaso com limpador multiuso ou produto para tirar ferrugem, mas use luvas de borracha e máscara.

PROBLEMA Assento sujo.
O QUE USAR Bicarbonato, vinagre e esponja; ou saponáceo em pasta; ou óleo de amêndoas doces ou glicerina.
COMO FAZER Para assentos de plástico, salpique bicarbonato e esfregue por cima com uma esponja mergulhada no vinagre. Para limpar assentos de baquelita, ponha um pouco de saponáceo em pasta numa esponja e esfregue. Enxágue com água. Se o assento de baquelita perdeu o brilho, esfregue uma gota de óleo de amêndoas doces nele. Se o assento for de plástico, esfregue com glicerina.

PROBLEMA Cheiro de urina.
O QUE USAR Limão, pote de sorvete e água; ou vinagre e água.
COMO FAZER Lave as superfícies do vaso sanitário com suco de meio limão adicionado a um pote de sorvete cheio de água. Como

alternativa, use vinagre e água. Dê preferência ao limão, porque deixa um cheiro agradável. É muito importante esfregar os canos da parte de trás do vaso.

PROBLEMA Borracha deteriorando.
O QUE USAR Sal, glicerina, talco e pano.
COMO FAZER Esfregue as marcas de deterioração com sal, esfregue glicerina por cima e salpique talco. Quando estiver seco, tire o talco com pano. Se a borracha já estiver muito estragada, troque.

ECONOMIA DE PAPEL HIGIÊNICO

Cresci numa casa com mais mulheres que homens, e gastávamos muito papel higiênico. Se você tem o mesmo problema, aperte o rolo antes de colocá-lo em uso. Isso diminui a velocidade de liberação de papel quando o rolo é girado e impede que as crianças façam caminho de papel pela casa.

DESODORIZANTE DE AR ATÓXICO

Sofro de asma e aerossóis deixam minha respiração difícil, então criei esse desodorizante de ar para banheiros não tóxico. Encha um pulverizador com água e adicione 2 gotas de detergente e 5 gotas de óleo de lavanda. Pode substituir o óleo de lavanda por outro óleo essencial, mas evite os que têm muito corante, como os de fruta que têm caroço. Óleo de eucalipto deve ser usado com menor frequência, porque mancha superfícies pintadas. Use conforme necessário.

BANHEIRA

Tomar banho é um dos maiores luxos da vida. Meu presente de Dia das Mães é tomar um banho de banheira com uma taça de champanhe, meu livro preferido e sem ninguém para me interromper.

A maioria das banheiras é feita de porcelana vítrea, apesar de agora fabricarem banheiras de acrílico, fibra de vidro ou policarbonato. Você também pode encontrar de aço inoxidável, metal ou ferro fundido. Use bicarbonato e vinagre para limpar ou, se estiver muito suja, use saponáceo em pasta. Uma bola de meia velha é um excelente utensílio para limpar, porque atravessa a espuma que o sabão faz e não deixa riscos. Jamais use lã de aço para limpar a banheira, porque arranha.

Se sua banheira for de ferro fundido, não comece a limpar com água quente. Ferro fundido encolhe e expande dependendo da quantidade de esmalte contido no acabamento. E, se a água estiver muito quente, lasca e racha a banheira. Primeiro, coloque um pouco de água fria em banheiras de ferro fundido e de policarbonato.

Quando limpar a banheira, comece pela borda, depois limpe as torneiras, as laterais e depois o fundo. Enxágue. Jamais use abrasivos em banheiras de policarbonato. Use glicerina para remover manchas.

PROBLEMA Mancha de ferrugem no aro da pia.
O QUE USAR Luvas de borracha, limpador multiuso ou produto para tirar ferrugem e pano.
COMO FAZER Vista as luvas e esfregue limpador multiuso ou produto para tirar ferrugem no aro da pia com um pano. Limpe o produto e enxágue.

PROBLEMA Arranhão em fibra de vidro.
O QUE USAR Glicerina, lixa para metais.
COMO FAZER Esfregue o arranhão com glicerina e a lixa para metais.

BANHEIRA DE HIDROMASSAGEM

Pelo toque de um botão a banheira se transforma numa zona de conforto borbulhante. Limpe a banheira de hidromassagem do mesmo jeito que a banheira comum, mas remova os acúmulos de manchas brancas, gordura e células epiteliais. As marcas brancas aparecem por causa de água e sabão em diferentes temperaturas. Remova com vinagre e limpe o bocal regularmente, com limpador multiuso ou produto para tirar ferrugem. A cada duas vezes que usar a banheira, aplique água com vinagre.

CHUVEIRO

Tudo bem tomar banho usando roupa de baixo num acampamento, mas você gostaria de fazer isso em casa?

Mantenha a área limpa com bicarbonato e vinagre. Salpique bicarbonato sobre as superfícies, espirre um pouco de vinagre por cima e esfregue com esponja ou escova. Enxágue com água.

Para as paredes, pegue um balde com um pouco de bicarbonato e um balde com vinagre e use duas esponjas separadas. Pegue primeiro a esponja com bicarbonato, depois coloque a esponja com vinagre em cima dela. Esfregue a parede com as duas sobrepostas. Enxágue com água. Se houver paredes muito sujas, use saponáceo em pasta.

Se você gostar de perfume, adicione 2 gotas de óleo de lavanda ou eucalipto à água do enxágue. Não use óleo de eucalipto em superfícies plásticas ou com pintura.

PROBLEMA	Acúmulo de espuma de sabão na saboneteira.
O QUE USAR	Par de meias velhas e água morna.
COMO FAZER	Esfregue a área atingida com a bola de meias velhas e com água morna.

BOX

Regra geral: é melhor não usar abrasivos ou produtos químicos fortes em nenhum tipo de box. Se o seu for de vidro, limpe com bicarbonato e vinagre.

Alguns tipos de box têm nylon ou tela de arame entre duas folhas de vidro, o que causa problemas devido à formação de cavidades de ar. Isso permite que entre umidade, o que pode criar mofo ou rachadura na parte de dentro do vidro. A aparência é de espuma de sabão entre as folhas de vidro. Já vi isso muitas vezes e infelizmente não há muito o que se fazer.

Se você não suporta os arranhões, terá que trocar o box ou usar agente de gravura líquido e transformar as marcas em características.

Outro material comum na fabricação de box é policarbonato e deve ser limpo unicamente com vinagre.

QUEBRA-GALHO

PERGUNTA — *Acho que o box do meu banheiro está ficando listrado – conta Kaye. – O que você sugere?*

PROBLEMA Listras no box.
O QUE USAR Álcool mentolado, vinagre, água e pano.
COMO FAZER Misture 1 parte de álcool mentolado, 1 parte de vinagre e 2 partes de água. A quantidade que usará depende do tamanho do box. Esfregue a mistura com um pano.

PROBLEMA Mofo em junta de silicone.
O QUE USAR Bicarbonato, vinagre e escova de dente velha; ou silicone.
COMO FAZER Misture bicarbonato e vinagre e forme uma pasta. Aplique com a escova de dente. Repita algumas vezes. Se não melhorar, reaplique o silicone.

CORTINA DE CHUVEIRO

Umidade constante e pouca ventilação tornam a cortina de chuveiro excelente candidata a juntar mofo. Seja de plástico ou nylon, coloque-a na lavadora de roupas no ciclo leve a cada quinzena. Para evitar que o mofo volte, adicione uma gota de óleo de cravo na água do enxágue da lavadora.

CHUVEIRO

Se o seu chuveiro espirra em diferentes direções, é provável que a água da sua casa seja água dura, ou seja, rica em sais de cálcio e de ferro. Se o chuveiro tiver pequenos pontos pretos saindo pelos orifícios, também é água dura.

Para se livrar disso, use limpador multiuso ou produto para tirar ferrugem. Misture limpador multiuso ou produto para tirar ferrugem de acordo com as instruções da embalagem, em um balde ou pote de sorvete. Mergulhe o chuveiro no balde. Mantenha-o lá dentro até que absorva a mistura. Pode demorar alguns minutos.

Ligue o chuveiro: os pontos pretos se soltarão e descerão pelo ralo. Você também pode tirar o chuveiro do lugar e limpá-lo dentro do balde com limpador multiuso ou produto para tirar ferrugem.

TORNEIRAS

Torneiras limpas e brilhantes sempre causam boa impressão. Podem ser de aço inoxidável, latão, cobre, cromo ou com acabamento de *powder coating*. A melhor maneira de limpar é com bicarbonato e vinagre, exceto para acabamento de *powder coating*, que é um tipo de plástico aplicado com calor na superfície de metal para deixar os objetos coloridos. Torneiras com esse acabamento normalmente são de cor creme, branca ou preta. Não use abrasivos nessa superfície, só lave com água e sabão. O jeito mais fácil de limpar é usando um par de meias velho. Passe a meia por trás da torneira e esfregue com movimentos de vai e vem.

AZULEJO

Limpe-os toda semana com bicarbonato e vinagre. Use uma esponja com bicarbonato e outra com vinagre por cima para esfregar. O rejunte entre os azulejos é muito poroso e retém bolor. Para limpar, use bicarbonato e vinagre e esfregue com uma escova de dente velha. Para inibir o mofo, adicione duas gotas de óleo de cravo à mistura. Deve-se limpar o rejunte a cada dois meses para evitar acúmulo.

Há outra forma de manter o mofo sob controle, mas talvez você não goste da sugestão. Mantenha duas lesmas no banheiro! Elas comerão o mofo com alegria. Lesmas dormem durante o dia, então, se você deixar uma casinha para elas, não correrá o risco de pisar nelas quando estiver tomando banho!

ESPELHO

Quando aprendi que mergulhadores mantêm a máscara limpa com a própria saliva, fiz o teste no espelho do banheiro e descobri que a saliva não deixa o espelho embaçar. Simplesmente cuspa num lenço de papel e esfregue-o no espelho.

Se a ideia não o atrai, passe sabão puro no espelho e dê polimento vigorosamente com papel toalha levemente umedecido.

Use álcool mentolado e papel toalha para limpar o sabão.

QUEBRA-GALHO

PIA DO BANHEIRO E GABINETE

Limpe a pia do banheiro e o gabinete com bicarbonato e vinagre. Salpique bicarbonato na superfície e esfregue com uma esponja molhada no vinagre.

Limpe armários e prateleiras da mesma forma. Para evitar que garrafas se quebrem dentro das gavetas, coloque entre elas um pedaço de espuma de borracha. Amortece qualquer impacto e deixa a limpeza das gavetas mais fácil.

PROBLEMA Mofo dentro do gabinete.
O QUE USAR Sal, balde, água quente, óleo de cravo e esponja.
COMO FAZER Dissolva 1 xícara de sal em um balde de água quente. Adicione 2 gotas de óleo de cravo. Esfregue isso na parte de dentro do gabinete com a esponja. Também tem ação repelente.

TOALHAS

PERGUNTA – *Minhas toalhas de banho estão com marcas que parecem ser de borracha* – *diz Diane.* – *São manchas pretas esquisitas.*

PROBLEMA Borracha na toalha.
O QUE USAR Óleo de bebê, fluido de limpeza a seco, algodão; ou repelente spray.
COMO FAZER As marcas pretas provavelmente são de borracha apodrecendo na sua lavadora de roupas ou do encanamento. Torne a mancha mais fácil de ser removida aplicando primeiro óleo de bebê, depois aplique fluido de limpeza a seco com algodão. Como alternativa, espirre repelente spray diretamente na mancha. Lave normalmente.

PAREDES DO BANHEIRO

Umidade e pouca ventilação são as razões mais comuns para embolorar as paredes não azulejadas dos banheiros. Mantenha a janela aberta o maior tempo possível e use aberturas para o telhado. Quando for limpar, adicione 2 gotas de óleo de cravo à água do enxágue e esfregue as paredes. O óleo de cravo evita a proliferação do bolor e facilita a limpeza das paredes. Também deixa um agradável perfume.

PERGUNTA — *Queremos pintar as paredes do banheiro – conta James – e estão bem emboloradas. Tem alguma coisa que possamos usar para impedir que o bolor volte?*

PROBLEMA Bolor nas paredes do banheiro.
O QUE USAR Água sanitária concentrada, bicarbonato, vinagre e esponja.
COMO FAZER O mofo é muito resistente, então limpe a superfície duas vezes com o alvejante forte. Depois, esfregue bicarbonato e vinagre para neutralizar o alvejante antes de pintar. Use também um inibidor de mofo, como óleo de cravo ou produto específico, antes e durante a pintura.

SALA DE ESTAR, SALA DE JANTAR E CÔMODOS DA FAMÍLIA

Esses cômodos são de grande circulação. Quem está na sala de estar pode ir para a sala de jantar e para o quarto, depois para os fundos da casa, talvez passar pela churrasqueira e sair para o jardim.

É muito bom viver assim, mas também significa que comer, beber, brincar e conviver, acontece tudo nesses espaços. Alguém vai derramar café no sofá, uma criança adorável vai derramar tinta no chão, milhares de sapatos enlameados vão deixar rastros até a sala de TV.

Relaxe! Sorria como nos comerciais de TV, porque podemos limpar tudo isso!

Indesejável mancha de água: a história da Ruth

INCIDENTE *Tenho uma bela antiguidade chinesa: uma mesa de ópio que uma amiga da minha mãe comprou na China. Acontece que, muito inocentemente, coloquei um vaso de flores nela, sem saber que o vaso era poroso. Ficou uma mancha horrorosa na mesa. Tentei limpar com polidor de móveis, mas ainda ficou um círculo pálido.*

SOLUÇÃO Aqueça um pouco de cera de abelha no micro-ondas ou coloque a embalagem numa tigela de água morna para amolecer. Quando estiver mais mole, acrescente um pouco de aguarrás à cera aquecida e aplique na mesa usando a parte de fora de um pedaço de casca de limão.
Use somente a casca para que não vá sumo do limão na mesa. Esfregue a parte de fora da casca na mancha, como se estivesse polindo com um pano. A casca do limão contém um óleo muito fino que tem ação limpante e também é um leve agente alvejante.
Esfregue com um pano limpo para tirar o óleo. Talvez seja preciso repetir a operação até que a marca branca saia. Se precisar impermeabilizar de novo, use verniz resistente à água.

CUIDADOS COM O SOFÁ

Costumo costurar enquanto estou sentada no sofá, mas aprendi do pior jeito a não usar o braço do sofá como alfineteira. Passe o aspirador uma vez por semana, sem se esquecer de limpar embaixo e atrás das almofadas. Se tiver sorte, pode até achar umas moedas!

Você pode limpar sofás feitos de algodão, lã ou de materiais combinados, usando limpador de tapeçaria ou de carpete. Prefiro limpador de tapete, porque faz uma espuma mais seca e, quanto menos água usar, melhor. Sempre faça o teste numa pequena parte primeiro, para ver se a cor não desbota.

Coloque um pano úmido, como uma toalha branca, num pedaço do tecido e esfregue o ferro de passar morno sobre o pano. Se a toalha absorver alguma cor, o tecido desbota e você não pode usar limpador de tapeçaria, nem de carpete.

Em vez disso, limpe com farelo de cereais num processo que descreverei mais à frente neste capítulo ou mande o sofá para um profissional limpar. Também é possível testar desbotamento ao colocar vinagre num pano e esfregar a tapeçaria. Se o pano absorver cor, o tecido desbota. Sempre faça o teste numa área que ninguém vê.

A cada dois meses, tire todas as almofadas e vire o sofá de ponta-cabeça. Aspire insetos e encontre também alguns itens perdidos, como achei um anel uma vez. Se achar teia de aranha sob o sofá, esfregue os cantos com um pouco de óleo de limão para evitar que elas voltem. Inseticida também funciona, apesar de nem todo mundo gostar da fumaça que ele faz.

Se a sua casa tiver amigos quadrúpedes, livre-se de pelos e cabelos usando luvas de borracha descartáveis. Lave as mãos enluvadas com água e sabão para tirar o pó das luvas. Seque as mãos sacudindo-as e coloque-as no meio dos pelos e cabelos do sofá. A água na luva cria estática e faz o pelo grudar na borracha.

Aprendi esse truque depois que um *sheep dog* me seguiu até em casa. Era o cachorro mais peludo que eu já tinha encontrado na vida e parecia sempre derrubar pelo branco nas cores escuras e pelo preto nas cores claras. O pobrezinho era tão peludo que vivia cuspindo bolas de pelo. Ficamos com o cachorro até nos mudarmos de volta para a cidade, aí achamos um novo lar para ele.

Limpe respingos de alimentos o máximo que puder usando toalha de papel, sempre de fora para dentro da mancha. Lembre-se de remover primeiro as manchas de proteína, com espuma de detergente e um pouco de água fria, depois trabalhe nas manchas de gordura com espuma de detergente e um pouco de água quente. Se você remover primeiro as manchas de gordura, a proteína se solidificará e a tarefa ficará muito mais difícil. Se tiver dúvida, sempre comece a limpar a mancha como se ela tivesse proteína e use água fria em primeiro lugar. Se for só sujeira, use farelo de cereais e vinagre.

Depois de limpar a capa das almofadas, coloque-as de volta quando estiverem quase secas, mas só levemente úmidas. Será mais fácil encaixá-las, porque as fibras estarão relaxadas. Não precisa passar!

Para evitar marcas de aspirador de pó no tecido, coloque uma camiseta velha ou pano no fim do tubo ou na peça que estiver usando para aspirar e prenda com elástico. Proteção impermeável para móveis é mais uma camada de proteção e previne manchas.

TECIDO DE ALGODÃO

Muita gente pergunta como tirar marcas de caneta de tecido de algodão. A primeira coisa que precisa descobrir é o tipo de tinta da caneta. Pode ser à base de água, álcool ou tinta permanente. O tratamento para cada tipo de tinta é muito diferente, como descrito abaixo.

PERGUNTA — *Meu filho de 3 anos pegou um marcador permanente preto e escreveu em todo o meu móvel creme – conta Melinda. – Está um desastre!*

PROBLEMA Caneta permanente em tecido.
O QUE USAR Fluido de limpeza a seco, algodão e hastes de algodão; ou repelente spray ou spray para cabelo e pano.
COMO FAZER Você precisará fazer isso com muito cuidado e rapidez. Aplique um pouco de fluido de limpeza a seco numa haste de algodão e passe sobre os riscos da caneta, logo em seguida esfregue rapidamente com bolas de algodão para limpar o fluido de limpeza a seco, sempre trocando as bolas de algodão.

Você também pode espirrar repelente spray ou spray para cabelo e limpar esfregando com pano. Tome cuidado com tecido e faça um teste numa área pequena primeiro.

PROBLEMA Tecido com mancha de tinta de caneta.
O QUE USAR Leite, detergente e água; ou fluido de limpeza a seco, algodão e talco.
COMO FAZER Deixe o leite estragar, deixando-o ao sol até que forme partes sólidas. O tempo para isso acontecer varia de acordo com a temperatura ambiente e a validade do leite. Coloque partes sólidas do leite sobre a mancha, deixe até perceber que a

tinta está passando para o leite, lave o leite sólido com detergente e água. Também pode usar fluido de limpeza a seco aplicado numa bola de algodão nos dois lados da mancha. Se não puder alcançar a parte de baixo da mancha, salpique talco em cima do fluido de limpeza a seco para absorvê-lo.

PROBLEMA Tecido com marcas de ferrugem.
O QUE USAR Limpador multiuso ou produto para tirar ferrugem de tecidos, água, algodão; ou sal e suco de limão; ou sal, vinagre, pano e água.
COMO FAZER Só use limpador multiuso ou produto tira ferrugem de tecidos se puder passar nos dois lados do tecido, uma vez que você deverá enxaguar os dois lados do tecido. Dilua 1 parte de limpador multiuso ou produto para tirar ferrugem de tecidos em 20 partes de água. Apoie uma bola de algodão no lado não manchado do tecido e aplique limpador multiuso ou produto para tirar ferrugem de tecidos diluído sobre a mancha de ferrugem com outra bola de algodão. Você verá a mancha saindo do tecido. Enxágue totalmente com água.

Uma alternativa natural: coloque sal na mancha e acrescente suco de limão. Deixe secar naturalmente e repita a operação. Pode levar algumas tentativas até que a mancha diminua. Outra opção é uma solução de sal e vinagre. Misture-os até formar uma pasta grossa e aplique na mancha de ferrugem. Quando a ferrugem escorrer para o pano, enxágue com água.

PERGUNTA – *Minha sala de estar tem rodapé com tecido de algodão e está com marcas de sola de sapato. Como posso tirar essas marcas? – pergunta Lisa.*

PROBLEMA Tecido com marcas de sola de sapato.
O QUE USAR Fluido de limpeza a seco, bolas de algodão, álcool mentolado ou espuma de detergente.
COMO FAZER Com uma bola de algodão, aplique fluido de limpeza a seco nas marcas. Use bolas de algodão limpas nos dois lados do tecido e trabalhe com o algodão da parte de cima, limpando

a marca de fora para dentro. Se o fluido deixar cheiro, neutralize com álcool mentolado ou espuma de detergente.

PERGUNTA — *Meus filhos estavam brincando com batom e mancharam meu tecido turco – conta Magda. – Como posso tirar isso?*

PROBLEMA   Tecido sujo de batom.
O QUE USAR Glicerina e algodão.
COMO FAZER Coloque um pouco de glicerina numa bola de algodão e esfregue de fora para dentro da mancha. Só não deixe o tecido molhar demais.

PERGUNTA — *Meu marido gosta de ler o jornal na cadeira da sala. Mas percebi que a cadeira dele ficou bem suja de tinta do jornal nos braços. A cadeira é coberta de tecido de algodão cor creme. Existe alguma coisa que eu possa fazer? – pergunta June.*

PROBLEMA   Tecido com marcas de sujeira.
O QUE USAR Vinagre, esponja, farelo de cereais, lenço ou pano de musselina; ou farelo de cereais, vinagre, tigela e escova macia.
COMO FAZER Nas marcas mais fracas, umedeça com cuidado a parte suja da cadeira com uma esponja com vinagre. Enrole um pouco de farelo de cereais no lenço ou pano de musselina e esfregue na parte suja.

Em marcas mais fortes, umedeça farelo de cereais em vinagre numa tigela até começar a formar uma massa uniforme (adicione vinagre de gota em gota e mexa completamente). Os grãos do farelo têm que ficar juntos, não molhados, nem colados.

Se o tecido estiver muito sujo, umedeça toda a área com vinagre, jogue só farelo de cereais por cima e esfregue para a frente e para trás com escova macia. O farelo é polidor e muito absorvente.

PROBLEMA   Tecido com mancha de óleo.
O QUE USAR Detergente, água, pano ou escova de dente e papel toalha.
COMO FAZER O melhor jeito de remover manchas de óleo de tecido

absorvente é com muita espuma de detergente e pouca água. Esfregue espuma no óleo com pano ou escova de dente velha, seque com papel toalha de ótima qualidade, do tipo camurça, e deixe secar naturalmente.

A espuma de detergente ajuda a quebrar a gordura e a leva para a superfície. Talvez seja preciso repetir o processo algumas vezes até tirar todo o óleo.

PROBLEMA	Móveis com cheiro de cigarro.
O QUE USAR	Bicarbonato de sódio, colher de pau, aspirador de pó.
COMO FAZER	Salpique bicarbonato de sódio no estofado e bata nele com a colher de pau. Quando acabar de bater, aspire.

BROCADO

Brocado é um tecido trançado intrincado feito de fibra. O trançado é muito fino, então você deve ter cuidado especial para limpá-lo. Use bicarbonato e farelo de cereais como descrito no item "Tecido com marcas de sujeira", acima. Ou mande limpar num profissional.

PERGUNTA	*– Tive a sorte de herdar da minha avó uma cadeira antiga, forrada com brocado. Mas ela devia ter uma bolsa de água quente furada, porque a cadeira está coberta de manchas de água. O que devo fazer? – pergunta Brenda.*
PROBLEMA	Tecido com mancha de água.
O QUE USAR	Esponja, vinagre, farelo de cereais, musselina ou lenço, escova macia e aspirador de pó.
COMO FAZER	Umedeça as manchas de água com esponja molhada em vinagre, enrole um pouco de farelo em musselina ou num lenço limpo e esfregue sobre o vinagre. Se as manchas forem muito teimosas, talvez seja preciso aplicar farelo diretamente. Coloque bastante farelo em cima do vinagre, esfregue com escova macia e depois aspire.

VELUDO

Veludo era moda nos anos 60. Eu ia a fábricas de estofados e pegava retalhos para criar roupas, principalmente coletes. Mas veludo é um dos tecidos mais difíceis de limpar. Comece tirando toda a felpa que conseguir. Use luvas de borracha descartáveis, lave as mãos em água e sabão, seque as mãos sacudindo-as e esfregue as luvas no veludo. A felpa grudará nas luvas.

Quando tiver removido o máximo possível, espirre limpador de tapete levemente no veludo. Deixe secar naturalmente e aspire.

PROBLEMA   Veludo com mancha de gordura.
O QUE USAR   Bicarbonato, escova de pelo, aspirador de pó.
COMO FAZER   Salpique bicarbonato na mancha e escove delicadamente para a frente e para trás com escova de pelo, não de nylon. Deixe por 10 minutos e aspire ou esfregue firmemente.

PERGUNTA   – *Meu sofá de veludo está com mancha de água, e o tecido ficou duro e eriçado no local – diz Belinda. – Tem como consertar isso?*

PROBLEMA   Veludo com marca de água.
O QUE USAR   Tigela, farelo de cereais, vinagre, escova, aspirador de pó.
COMO FAZER   Numa tigela, misture farelo de cereais e gotas de vinagre até que fique úmido, mas não formando um bloco. Aplique a mistura na marca de água com os dedos e deixe agir alguns minutos. Escove a área em círculos e deixe secar naturalmente. Aspire o farelo.

PROBLEMA   Veludo com parte careca.
O QUE USAR   Fósforos, linhas torcidas de algodão ou de seda, agulha de *tufting*.
COMO FAZER   Primeiro é preciso determinar do que o veludo é feito. Faça o teste num pedaço da costura usando a cabeça de um fósforo quente. Se o tecido ficar com cheiro de cabelo queimado, é feito de algodão ou seda. Se tiver cheiro de plástico, é de poliéster. Algodão tem acabamento fosco. Seda tem alto brilho.

Pegue linha do tecido que combine com o veludo, use uma agulha de *tufting* para perfurar o veludo e introduzir as fibras (tufos de linha torcida) nele. Prenda essas fibras na parte careca do veludo que quer consertar. Agulhas de *tufting* vêm com instruções simples, mas pratique antes num pedaço de tecido que não vai usar.

Apare com tesouras bem amoladas os tufos de algodão ou seda para ficarem da mesma altura do veludo. Tesoura de bordado ou de manicure devem servir.

TAPEÇARIA

A melhor maneira de limpar tapeçaria é usando farelo de cereais seco. Coloque um punhado de farelo num saquinho de musselina, esquente no micro-ondas por meio minuto e esfregue na tapeçaria. O farelo de cereais absorverá a sujeira.

Também se pode aplicar farelo de cereais diretamente. Antes, umedeça levemente com vinagre. Coloque uma gota de cada vez até ficar uma massa uniforme como cuscuz, não como uma bola. Passe a mistura sobre a mancha, esfregue para trás e para a frente com pano ou escova macia, depois aspire.

PERGUNTA — *Tenho um banco de piano que cubro com tapeçaria de lã – conta Shirley. – Foi presente de casamento da minha tia, cinquenta anos atrás. Após anos de uso, mal dá para ver as flores. Tem como limpar isso?*

PROBLEMA Tapeçaria suja.

O QUE USAR Farelo de cereais; ou tecido de algodão pesado, limpa-lã e balde.

COMO FAZER Tente limpar com farelo de cereais, conforme descrito no item acima. Se não funcionar, teste se o tecido desbota molhando um pano branco em vinagre e aplicando numa parte pequena da tapeçaria, que não fique muito à mostra. Se o pano branco absorver cor, o tecido desbota.

Se não desbotar, tire a tapeçaria do banco e costure-a a um pedaço de tecido de algodão pesado. Lave à mão com

1 colher de chá de limpa-lã ou xampu em um balde de água na temperatura sanguínea, depois enxágue completamente em água, também na temperatura sanguínea, e coloque para secar na sombra. Você pode descosturar o tecido de algodão pesado ou pode deixá-lo costurado à peça.

Com ou sem o algodão pesado, recoloque a tapeçaria sobre o banco enquanto o algodão ainda está levemente úmido, porque ficará mais esticado. Se o tecido desbotar, mande para um restaurador.

Você pode fazer um limpa-lã com 2 colheres de sopa de lascas de sabão em barra, de preferência de sabão de coco, ½ xícara de qualquer condicionador para cabelo e 2 ou 3 gotas de óleo de eucalipto. Misture com um pouco de água morna ou coloque num jarro e mexa. Uma colher de chá dessa mistura é o suficiente para um balde de malhas de lã.

COURO

Limpe sofás de couro uma vez por semana com limpador de cela ou produto para couro. Mantenha um pano guardado só para isso numa embalagem plástica bem fechada. Jamais use água para limpar couro, porque o endurece. E sempre use pano ou camiseta presa na peça do aspirador para evitar que risque.

A maior parte das manchas pode ser removida com fluido de limpeza a seco. Depois de aplicar o fluido com uma bola de algodão, salpique talco para absorver o produto. Limpe o talco com escova de lustro quando já estiver seco e passe limpador de cela ou produto para couro. Jamais use pasta de dente, pois pode ressecar, deixar áspero ou com manchas desbotadas.

PROBLEMA Marcas de unha de gato ou cachorro em couro marrom-escuro.

O QUE USAR Noz ou graxa de sapato, pano, produto para couro; ou cânfora, naftalina, óleo de lavanda ou saquinho de lavanda.

COMO FAZER Tire a casa da noz e corte-a ao meio. Esfregue a noz sobre o risco para que o óleo dela o cubra. Deixe por uma hora para restaurar a cor. Se o couro não for marrom, escolha um hidratante de sapato (nem graxa, nem cera) na cor apropriada. Aplique o hidratante com um pano. Somente as partes riscadas serão preenchidas. Depois disso, aplique produto para couro com um pano para suavizar.

Para prevenir novas marcas de unha de gato, espalhe cânfora atrás do sofá e embaixo das almofadas. Também pode colocar naftalina entre as almofadas. Para evitar que o cachorro se aproxime, use óleo de lavanda ou saquinho de lavanda atrás das almofadas.

PERGUNTA — *Estava corrigindo um texto com muita pressa e acabei derrubando corretivo na minha cadeira de couro – diz Jill. – Tem como remover?*

PROBLEMA Corretivo no couro.
O QUE USAR Removedor de corretivo, produto para couro.
COMO FAZER Aplique removedor de corretivo e imediatamente passe produto para couro.

MÓVEIS DE JUNCO, BAMBU E VIME

Junco costuma precisar de restauração. Minha família tem um conjunto de móveis para bebê do início da Era Vitoriana, feito de junco, que já passou por todas as casas. A melhor maneira de limpar junco, bambu e vime é a seguinte: misture 2 colheres de chá de bicarbonato em 1 litro de água e esfregue por todo o móvel com esponja, depois enxágue. Dê polimento com pano e um pouco de óleo de bebê.

COMO CONSERTAR BURACO EM MÓVEL DE JUNCO

Use junco igual ao do móvel, ou similar, que seja mais longo que o buraco que está consertando. Separe os fios do junco e mergulhe-os em água quente. Então enrole novamente, juntando-os, partindo de onde o original ainda não estiver desfiado. Não corte as aparas antigas até que enrole tudo. Coloque as pontas para dentro e para baixo.

Se estiver consertando uma cadeira, pregue um pedaço de lona com tachas sob o assento, para reforçar. Para pintar junco, use tinta spray em vez de pincel. Envernize com goma-laca spray, em vez de esmalte ou poliuretano.

Algumas das coisas mais legais nos móveis de junco são a flexibilidade e a habilidade de se modelar ao assento. É o que causa o barulho que se ouve ao sentar. Esmalte e poliuretano fazem o junco se unir num bloco sólido e perde-se o conforto. Também são difíceis de remover se você decidir trocar a cor ou se o móvel estragar. Existem várias cores de goma-laca e dá para remover se você não gostar da cor que usou.

MÓVEIS COM MOLDURA DE METAL

É possível limpar móveis de alumínio, cromo e aço inoxidável com pano, vinagre e água. Se estiver muito sujo, use bicarbonato e vinagre. Limpe ferro forjado com bicarbonato e vinagre e esfregue com óleo de bebê ou com óleo de máquina de costura. Se for pintado, use detergente e água. Para deixar bem brilhante e prevenir ferrugem e corrosão, limpe os metais com cera de automóvel.

MÓVEIS DE MADEIRA

Uma das melhores coisas em ser restauradora é aprender do que são feitos todos os produtos caros de limpeza. Descobri que os produtos para polir móveis têm base de casca de limão e cera de abelha, casca de laranja e cera de abelha, cera de carnaúba ou silicone. Faça você mesma o seu polidor! Lembre-se de que diferentes acabamentos de madeira pedem diferentes tipos de limpeza.

Verniz é feito de camadas de papel de arroz, resina vegetal, tintura mineral e látex vegetal, e é de difícil manutenção. Nunca deve ficar em umidade inferior a 30% ou secará e rachará. Se estiver em local seco, coloque uma tigela grande com água embaixo do móvel e coloque vasos de planta em volta dele, para criar um clima tropical. Use pano úmido, nunca molhado, para limpar. Jamais use detergente e consulte um restaurador para problemas mais graves. Pequenas lascas em móveis pretos podem ser consertadas com polidor de sapato da cor preta.

Pode-se limpar fórmica com bicarbonato e vinagre.

E poliuretano, com pão úmido. Em superfícies muito sujas, use detergente. Não use água em superfícies riscadas. Para reparar bolhas, injete embaixo delas com seringa pequena quantidade da mistura de 1 parte de cola de madeira em 20 partes de água. Ponha filme plástico em cima das bolhas e coloque sobre elas um livro ou outro objeto pesado. Deixe por algum tempo, até que seque.

Limpe goma-laca com polidor para móveis de boa qualidade que não contenha silicone ou com cera de abelhas.

Deve-se limpar verniz com polidor para móveis de boa qualidade que não tenha silicone. Se tiver partes oleosas ou manchadas, espalhe folhas de chá úmidas sobre a mancha e deixe o tanino quebrar e absorver a sujeira. Dê polimento com polidor para móveis de boa qualidade que não tenha silicone ou com cera de abelhas.

Deve-se limpar compensado com polidor para móveis de boa qualidade que não tenha silicone, aplicado com pano macio. Não deixe o móvel diretamente na luz do sol para que as pontas não soltem.

Se seu móvel for novo e tiver muito brilho, esfregue com um pedaço de seda uma mistura de talco e amido de milho sobre a superfície. Se a madeira estiver riscada e você quiser diminuir os riscos, primeiro umedeça a seda com vinagre. Seda úmida é mais abrasiva.

PROBLEMA	Madeira riscada.
O QUE USAR	Óleo de bebê; ou lápis de cera colorido e pano seco macio.
COMO FAZER	Óleo de bebê é excelente para tirar manchas e pequenos arranhões de madeira. Para riscos maiores, use lápis de cera colorido. Misture cores para conseguir o tom da madeira e passe sobre o risco. Dê leve polimento com pano seco macio.

PROBLEMA	Poliuretano riscado.
O QUE USAR	Amido de milho, saquinho de seda e pano seco; ou Brasso.
COMO FAZER	Coloque amido de milho num saquinho de seda e umedeça para o amido de milho agir dentro da seda. Funcionará como uma leve lixa. Esfregue o saquinho sobre os riscos e

limpe qualquer resíduo com pano seco. Também pode polir com Brasso.

PROBLEMA: Marcas de calor.
O QUE USAR: Cera de abelha e casca de limão; ou bicarbonato, azeite e pano.
COMO FAZER: Se a marca for leve, aplique cera de abelha morna com a parte externa da casca de limão (descasque o limão e use somente a casca). No caso de marcas muito feias, passe a mistura de 1 parte de bicarbonato e 1 parte de azeite sobre a marca, deixe agir alguns minutos e dê polimento com pano antes do polimento normal.

PROBLEMA: Buracos de furadeira na mobília.
O QUE USAR: WD-40; ou toalhas velhas, querosene, creosoto, plástico resistente a produtos químicos, serragem, lixa fina e cola de madeira.
COMO FAZER: Coloque o fino cano aplicador do WD-40 em cada buraco da mobília e borrife levemente. Se tiver mais de dez buracos, enrole a madeira atingida com toalhas velhas até cobrir toda a superfície. Depois jogue a mistura de 10 partes de querosene e 1 parte de creosoto sobre as toalhas. Enrole toda a área com plástico que resista a produtos químicos e deixe agir por 2 ou 3 dias.

Saiba que o processo remove toda a tinta da superfície. Remova o plástico e as toalhas e lixe a madeira. Talvez seja preciso preencher alguns buracos feitos pela furadeira. O melhor é usar serragem para fazer isso. Lixe bastante uma parte da madeira que não fique à mostra, como a parte de baixo, por exemplo. Misture a serragem que se soltar da madeira com cola de madeira até obter a consistência de pasta de amendoim dura e preencha os buracos de furadeira com isso. Lixe cuidadosamente.

PROBLEMA: Mancha branca em madeira escura.
O QUE USAR: Cera de abelha, aguarrás, casca de limão ou casca de laranja; ou suco de noz; ou pasta de dente.

A quantidade necessária dependerá do tamanho da mancha. Aqueça 1 colher de chá de cera de abelha no micro-ondas ou coloque a embalagem numa tigela pequena de água morna. Misture 2 ou 3 gotas de aguarrás.

Aplique a mistura na mancha branca com a parte de fora da casca de limão. Use somente a casca do limão ou o ácido do suco da fruta desbotará a madeira. Os óleos e ácidos do limão são agentes alvejantes e umidificadores. Casca de laranja funciona melhor em cedro vermelho.

Outra técnica é cortar ao meio uma noz descascada e esfregá-la na mancha branca para escurecê-la. Uma das maneiras mais antigas de se remover anéis de água de verniz é com pasta de dente, que é um abrasivo e cria pequenos buracos na marca de água. Quando a madeira é encerada, a cera preenche as cavidades.

PERGUNTA — *Dei um jantar e correu tudo muito bem, exceto pelas gotas de vela que caíram na mesa de jantar* — conta Jane. — *Como posso tirar as gotas sem estragar a madeira?*

PROBLEMA Madeira com gotas de vela.

O QUE USAR Gelo, raspador macio, pano de seda, papel toalha, secador de cabelos e luvas de borracha.

COMO FAZER Endureça a cera com gelo e remova o máximo possível com raspador macio. Só raspe seguindo os veios da madeira. Esfregue o resto da cera com pano de seda úmido. Certifique-se de usar seda mesmo.

Se a vela pingou em madeira não impermeabilizada, remova o máximo que conseguir com o pano de seda, pressione papel toalha sobre a cera e aqueça com secador de cabelos, mantendo o papel toalha em cima da cera enquanto usa o secador. O papel absorverá a cera. Fique trocando o papel até remover toda a cera. Use luvas de borracha para não queimar os dedos. Ligue e desligue o secador para não aquecer demais a madeira e para deixar que ela esfrie enquanto você troca o papel.

PERGUNTA	– *Minha mesa com polimento francês está com cera* – diz Carole. – *Como tirar a cera sem estragar o polimento?*
PROBLEMA	Cera em madeira polida.
O QUE USAR	Seda morna.
COMO FAZER	A seda tem que ser pura. Primeiro aqueça a seda molhando-a e colocando-a no micro-ondas. Esfregue sobre a cera. Pode-se usar um pedaço de seda seco, mas demorará mais para remover a cera.
PROBLEMA	Compensado levantado ou com bolhas.
O QUE USAR	Seringa, cola de madeira, água e panos.
COMO FAZER	Encha uma seringa com a mistura de 1 parte de cola de madeira em 20 partes de água. A mistura deverá ficar com consistência de creme mole. Injete pequena quantidade no centro da bolha ou embaixo da parte mais alta do pedaço levantado e pressione para baixo. Coloque um peso em cima, como um livro pesado, por exemplo, enquanto seca (coloque um pedaço de filme plástico sob o livro para protegê-lo). Para cobrir a marca da seringa, esfregue com um pano umedecido com água quente, deixe secar e dê polimento com pano seco.
PERGUNTA	– *Tenho uma máquina de costura velha com superfície de madeira* – diz Jan –, *mas o compensado está rachando. Tem como consertar?*
PROBLEMA	Compensado com rachaduras.
O QUE USAR	Goma-laca, álcool mentolado, pano, palha de aço nº. 0; ou cola de madeira, seringa, palha de aço nº 0, álcool mentolado, escova de cerdas planas ou esponja.
COMO FAZER	Se só o verniz estiver rachado, aplique nova cobertura de goma-laca. Para goma-laca pré-misturada, use 1 parte de álcool mentolado para 4 partes de goma-laca. Se a goma-laca não for pré-misturada, misture goma-laca e álcool mentolado até obter a consistência de leite e aplique com pano. A goma-laca penetrará nas rachaduras e impermeabilizará o

compensado. Talvez sejam necessárias três ou quatro mãos de cobertura. Deixe cada mão secar por 24 horas antes de aplicar a próxima. Lixe entre as aplicações com palha de aço nº 0 mergulhada em álcool mentolado.

Se a superfície estiver com bolhas muito feias, use cola de madeira e uma seringa, como descrito no item "Compensado levantado ou com bolhas". Quando estiver seco, mergulhe palha de aço nº 0 em álcool mentolado e esfregue no sentido dos veios da madeira. Então aplique goma-laca com escova de cerdas planas ou esponja, também no sentido dos veios da madeira. Deixe secar entre as aplicações.

PERGUNTA — *Estou restaurando uma cômoda de pinho cauri – conta Martin. – Está coberta de goma-laca difícil de remover. O que você sugere?*

PROBLEMA Remoção de goma-laca.
O QUE USAR Tecido de algodão ou linho, álcool mentolado, filme plástico, palha de aço nº 0.
COMO FAZER Mergulhe um pedaço de tecido de algodão ou linho em álcool mentolado para ensopá-lo. Coloque o pano sobre a área de goma-laca que quer remover e deixe um tempo. O álcool amolecerá a goma-laca e a deixará mais fácil de remover, porém evapora muito rápido, então coloque filme plástico sobre o pano para diminuir a velocidade da evaporação. Esfregue a goma-laca com palha de aço nº 0 mergulhada em álcool mentolado.

Alternativa: álcool mentolado nas gavetas. Enrole-as com filme plástico antes de polir.

PROBLEMA Gavetas que enroscam.
O QUE USAR Sabão ou cera de vela; ou nível de bolha, papelão ou bloco de madeira e cola.
COMO FAZER Esfregue sabão ou cera de vela nos filetes. Se não funcionar, sua cômoda pode não estar nivelada. Verifique utilizando nível de bolha e, se estiver desnivelada, coloque papelão ou um bloco de madeira embaixo de um dos pés do móvel.

Verifique também se as junções da cômoda estão bem fixadas. Passe cola se estiverem soltas.

PORCELANA/ORNAMENTOS

Pode valer muito dinheiro, ter valor sentimental ou ser simplesmente um toque na decoração. Ornamentos precisam de um pouco de atenção, principalmente porque poeira pode fazer a superfície rachar. Utilizada ou não, porcelana precisa de limpeza a cada seis meses. Deixe uma vasilha com água dentro do armário para que as peças não ressequem, e nunca encoste o armário numa parede que dê para o exterior da casa pois essas paredes retêm calor e frio. Temperatura constante é o ideal para porcelana.

Tire o pó com secador de cabelo na temperatura mínima e use um pincel pequeno para alcançar áreas difíceis. Proteja itens vulneráveis a impacto colocando espuma emborrachada embaixo deles.

LATÃO: *limpe usando produto próprio. Se você estiver revestindo, use goma-laca, porque pode ser removida mais facilmente. Saiba que o latão perderá o lustre mesmo se revestido, apesar de o revestimento ajudar a manter o brilho por mais tempo.*

BRONZE: *limpe com pano úmido e com sabão, mas nunca o esfregue, para não remover a pátina.*

ARGILA: *deve-se aspirar e tirar pó regularmente. Nunca mergulhe em água, pois argila absorve umidade. Se for lavar, faça rapidamente e seque por completo para não levantar o esmalte.*

CLOASONADO: *esmalte fundido com finíssimos fios de metal aplicado sobre a peça de bronze, latão ou vaso de cobre. Limpe com vinagre e água. Não use sabão ou perderá o lustro.*

BORDADO: *quando possível, mantenha longe da luz direta do sol. Deixe o bordado sempre coberto ou dentro de armários. Lave à mão com cuidado para não desbotar. Se desbotar, leve a um restaurador ou mande lavar a seco.*

EFÊMEROS: mantenha o mais esticado possível, atrás de vidros ou dentro de armários. Em tecidos, espirre spray inseticida para afastar insetos.

TECIDOS: trate-os como faz com sua melhor toalha de mesa de linho. Sempre tire o pó e, onde possível, aspire.

MARFIM: limpe com óleo de amêndoas doces e pano.

RENDA: lave à mão com sabão e enxágue muito bem. Cole gaze embaixo de buracos para que não aumentem enquanto você não puder consertar. Borde sobre a gaze no mesmo padrão da renda e apare os possíveis excessos de gaze.

PAPEL: não pode ficar com pó e não deve receber luz direta do sol. Lave cuidadosamente com pano levemente umedecido. Só toque levemente, não esfregue. Na dúvida, use restaurador ou conservador.

PRATA: use produto próprio ou bicarbonato e vinagre. Dê polimento com farelo de cereais.

MADEIRA: se impermeabilizada, pode limpar com polidor de móveis que não contenha silicone. Se não for impermeabilizada, limpe com óleo de móveis.

ESTANHO: esfregue com água morna com sabão e seque completamente com pano de limpeza umedecido com óleo de máquina de costura. Isso previne ferrugem. Se o estanho enferrujar, aplique WD-40 com pano. Para os insetos não comerem as etiquetas de papel dos objetos de estanho, esfregue-as com saquinho de chá úmido.

PERGUNTA — Minha filha trouxe umas cabeças de Buda da Tailândia – diz Katie. – Usamos um spray para afastar insetos e apareceram uns pontos pretos no local. Tem como consertar?

PROBLEMA Metal manchado.
O QUE USAR Bicarbonato, vinagre e panos.
COMO FAZER Faça uma pasta com 1 parte de bicarbonato e 1 parte de vinagre e aplique nas manchas com um pano. Não use isso em outras superfícies, para não arranhá-las. Deixe a pasta secar e limpe com pano limpo e seco.

MESA DE VIDRO

Limpe vidro com álcool mentolado e pano. Esfregue o vidro com papel toalha até chiar. Jamais use polidor de mobília em vidro e leve a um restaurador se tiver arranhões.

MESA DE MÁRMORE

PERGUNTA – Minha mesa de mármore está com marcas de água deixadas por xícaras de chá – afirma Jocelyn. – Tem como consertar isso?

PROBLEMA Mármore com marcas de água.
O QUE USAR Bicarbonato, vinagre, água e escova macia.
COMO FAZER Salpique bicarbonato sobre a mancha, misture 1 parte de vinagre a 5 partes de água e espirre sobre o bicarbonato. Quando a mistura efervescer, esfregue com escova macia.

MANCHAS NA TOALHA DE MESA

PERGUNTA – Só uso as peças de que mais gosto em ocasiões especiais – diz Maria. – Outro dia, fizemos churrasco e usei minha toalha de mesa branca e damasco. Agora ela está com gordura de linguiça e molho de tomate. Tem como tirar essas manchas?

PROBLEMA Toalha de mesa com manchas de gordura e tomate.
O QUE USAR Alvejante em pó.
COMO FAZER Molho de tomate desbota se deixado ao sol. Você também pode cobrir a mancha com alvejante em pó, que tira igualmente a gordura de linguiça.
 Para proteger suas belas toalhas de linho em situações vulneráveis, compre plástico grosso transparente e use um secador de cabelos para moldar o plástico sobre a toalha de mesa. Tenha cuidado para não deixar o secador muito tempo no mesmo lugar ou o plástico derreterá.

QUEBRA-GALHO

PROBLEMA   Toalha de mesa com mancha de vinho tinto.
O QUE USAR   Bicarbonato, esponja, vinagre branco e pano; ou glicerina.
COMO FAZER   Em manchas recentes, salpique bicarbonato e esfregue com esponja molhada com vinagre branco. Se a mancha estiver seca, esfregue bicarbonato em círculos usando pano umedecido com vinagre. Para limpar qualquer mancha sólida, molhe-a antes com glicerina e depois limpe normalmente.

PERGUNTA   – *Um dos meus convidados deixou cair caldo de carne na hora de se servir – conta Carole. – Agora minha toalha de mesa está com uma adorável mancha marrom. O que devo fazer?*

PROBLEMA   Toalha com mancha de caldo de carne.
O QUE USAR   Sabão, água fria e água quente.
COMO FAZER   Caldo de carne contém proteínas, então você precisa removê-las primeiro com água fria e sabão. Também contém gordura, que se remove com água quente e sabão. Apenas lembre-se de limpar primeiro com água fria ou a mancha ficará mais difícil.

LAREIRA

Se você usar a lareira, limpe-a depois de cada uso. Para limpar as áreas ao redor dela, use apenas aspirador de pó. Para tirar fuligem de qualquer superfície, com exceção de madeira, use vinagre.

PERGUNTA   – *Os tijolos da minha lareira estão com marcas de fumaça – diz Jim. – Como posso limpar isso?*

PROBLEMA   Mancha de fuligem ao redor da lareira.
O QUE USAR   Água, cinza, panos, bicarbonato e vinagre; ou saponáceo em pasta.
COMO FAZER   Faça uma pasta fina de cinza da lareira com água e aplique com pano sobre a mancha. Enxágue com bicarbonato e vinagre. Em manchas leves, use cinza e saponáceo em pasta e esfregue com pano.

PROBLEMA Parede com mancha de fuligem de vela.
O QUE USAR Aspirador de pó, cinza, esponjas, sabão, vinagre e água.
COMO FAZER Fuligem de vela é muito gordurosa, então aspire as partículas soltas e esfregue a fuligem com um pouco de cinza e esponja seca. Depois, esfregue um pouco de sabão na fuligem, com outra esponja. O sabão segura os pedacinhos restantes da fuligem. Então esfregue a superfície com outra esponja, agora molhada com vinagre e água.

AQUECEDOR

Funcionam melhor se estiverem sem pó, limpos e brilhantes. Limpe e dê polimento às placas refletoras na parte de trás do aquecedor com bicarbonato e vinagre. Isso também limpa ferrugem.

Esfregue os filamentos que aquecem com álcool mentolado, mas não ligue o aquecedor até que o álcool seque completamente, porque álcool mentolado é inflamável.

Se seu aquecedor for a gás ou querosene, deixe uma panela com água ao lado dele para absorver a fumaça. Coloque uma fatia de cebola na água, no caso de aquecedor que funcione com querosene, para ajudar a absorver o odor.

ELETRÔNICOS

Os maiores inimigos dos eletrônicos são poeira, insetos e umidade.

É possível limpar telas de TV, de plasma e a parte externa de qualquer aparelho eletrônico usando a mistura de 1 parte de álcool mentolado e 4 partes de água. Aplique com pano sem bolinhas (camiseta, por exemplo). Não use detergente, para não deixar marcas de gordura.

Aspire as entradas de ar da parte de trás do aparelho usando a peça com cerdas do aspirador. Esfregue a parte de trás com pano borrifado com inseticida para manter os insetos afastados. Quando estiverem desligados, feche todas as portas e compartimentos para impedir que entre poeira. Tire pó das áreas difíceis com escova de limpar lente de câmera fotográfica.

Limpe videocassete com limpador de vídeo de alta qualidade ou leve à assistência técnica. Guarde fitas de vídeo na posição vertical, como um livro, para não esticar a fita.

DVDs devem ser guardados da mesma maneira ou podem ficar curvados. Esfregue com limpador de DVD regularmente. Limpe CDs com limpador de CD e pano se estiverem grudando.

Limpe os rolamentos e os cabeçotes do toca-fitas com algodão umedecido com álcool mentolado.

PERGUNTA — *Minha namorada acendeu uma vela em cima da TV e pingou cera no tecido que cobre o alto-falante. Tem como limpar? — pergunta Mark.*

PROBLEMA Tecido com cera.

O QUE USAR Gelo, raspador de plástico, alfinetes, lenço de papel e secador de cabelos.

COMO FAZER Se possível, tire a capa do alto-falante. Coloque gelo na cera e remova o máximo possível com o raspador de plástico. Prenda lenços de papel com alfinetes, encostando no lenço de papel o lado do tecido do alto-falante que está com cera. Use o secador de cabelos na parte de trás da capa do alto-falante. Isso aquece a cera, e o lenço a absorve.

Se não puder tirar a capa do alto-falante, coloque um lenço de papel sobre a cera e use o secador na parte da frente mesmo. O lenço absorverá a maior parte. Fique trocando o lenço até que retire toda a cera. Para não aquecer demais o tecido, ligue e desligue constantemente o secador.

EQUIPAMENTOS DE ESCRITÓRIO

Esse é outro lugar que tem como inimigos a poeira, os insetos e a umidade. Aspire sempre usando a peça com cerdas do aspirador de pó. Deixe os equipamentos em lugares ventilados. Se tiver muitos fios elétricos, amarre-os com lacres plásticos para que não fiquem parecendo espaguete.

É possível limpar computadores de duas maneiras. Para limpezas leves, use pano umedecido com água morna. Jamais use pano molhado, para não corroer peças.

Em superfícies mais sujas, use um pano borrifado com spray antiestática para CD e esfregue por todas as superfícies, inclusive as entradas de ar. Mas não espirre diretamente no computador. Existem outros produtos para isso.

Para afastar insetos, espirre inseticida num pano e esfregue-o atrás do computador. Mantenha esse aparelho bem ventilado, afastando-o da parede no mínimo 10 cm.

Limpe o mouse quando ele estiver grudando ou difícil de mover. Para limpar a parte de dentro, vire-o de cabeça para baixo e gire a tampa. Tire a bola e esfregue-a com pano úmido. Jamais use produtos químicos. Umedeça (não deixe molhar) um pedaço de algodão com álcool mentolado e limpe a cavidade do mouse, inclusive os rolamentos. Quando tiver tirado toda a sujeira possível, sopre a cavidade com cuidado para tirar todo o excesso de poeira. Coloque a bola de volta e feche a tampa.

Limpe a parte de baixo do mouse, umedeça algodão com álcool mentolado e esfregue os pontos de deslize que ficam em contato com a superfície. Segure o mouse de cabeça para baixo.

Esfregue a superfície onde fica o mouse e o cabo com álcool mentolado, para limpar células epiteliais e acúmulo de suor.

Limpe a parte externa do aparelho de fax com pano umedecido com água quente. Esfregue os rolamentos de borracha com algodão com álcool mentolado e depois esfregue com pano que não solte felpa umedecido com água.

Para limpar telefones, use pano com glicerina. Jamais use produtos químicos à base de álcool, pois afetam o plástico. Também não use óleo de eucalipto em plástico.

LIVROS E ESTANTES

Limpe as estantes uma vez por semana com espanador ou aspirador de pó com a peça de cerdas. Para não deixar que os livros fiquem com fungos, borrife cristais de silicone na parte de trás da estante ou esfregue essa parte com óleo de cravo.

PERGUNTA – *Meus livros estão cheios de excremento de barata* – diz George. – *Como posso me livrar disso?*

PROBLEMA Livros com excremento de barata.

O QUE USAR   Aspirador de pó, bicarbonato, escova de dente velha; ou sal.
COMO FAZER   Aspire primeiro, depois feche bem o livro segurando a capa pelo lado direito. Salpique bicarbonato pelas laterais das folhas e esfregue com escova de dente velha. Para evitar que as baratas voltem, deixe um montinho de sal em volta dos pés da estante.

PERGUNTA   – Como posso me livrar do cheiro horrível dos livros velhos? – pergunta Graeme.

PROBLEMA   Livros com cheiro ruim.
O QUE USAR   Talco.
COMO FAZER   É um processo muito maçante. Polvilhe uma página com talco e deixe ao sol por, no máximo, 3 minutos para os raios UV não afetarem o papel. Limpe o talco, vire a página, aplique mais talco, deixe ao sol, remova o talco... faça isso no livro todo.

PERGUNTA   – Meus livros estão com marcas marrons – diz Eric. – O que você aconselha?

PROBLEMA   Livro com marcas marrons.
COMO FAZER   Esse problema precisa ser tratado por um restaurador profissional.

PERGUNTA   – Preciso remover tinta de caneta permanente do meu quadro branco – diz Eric. – O que você aconselha?

PROBLEMA   Remover tinta de caneta permanente de quadro branco.
O QUE USAR   Perfume e algodão; álcool mentolado.
COMO FAZER   Coloque um pouco de perfume numa bola de algodão e esfregue sobre as marcas de caneta. Na falta de perfume, use algodão com álcool mentolado.

DECANTADORES

É melhor não deixar álcool nos decantadores por mais de um dia, porque deixa manchas esbranquiçadas ou rachaduras internas. Armazene álcool em garrafas com tampa de rosca, e a decantação deve ser feita somente durante uma noite.

O melhor é lavar decantadores com água morna e secá-los no forno. Para fazer isso, ligue o forno numa temperatura bem baixa, coloque o decantador dentro dele, desligue e o deixe lá dentro. Jamais jogue calor direto, como com um secador de cabelo, para não rachar o cristal.

BANDEJAS

A bandeja é uma invenção maravilhosa. Use limpador de prata nas de prata e pano úmido para limpar as de outros materiais.

PERGUNTA — *Minha bandeja de prata está com um sombreado cinza, como se estivesse embaçada – conta Sue. – Como posso me livrar disso?*

PROBLEMA Bandeja de prata com sombreado.
O QUE USAR Pasta de dente branca, polidor de prata e panos.
COMO FAZER Existem algumas explicações para isso. Algumas bandejas são feitas de liga de prata e níquel e revestidas com prata galvanizada. O revestimento de prata pode ser fino e expor o núcleo. Outra explicação é que a bandeja pode ter sido reparada com prata de outra qualidade, que deteriora em tempo diferente da original.

Para remover a sombra, esfregue com pasta de dente branca e limpe com polidor de prata de boa qualidade. Enxágue todo o polidor e dê polimento com pano seco.

PERGUNTA — *Qual é a melhor maneira de limpar bandeja de chapeado de prata? – pergunta Bill.*

PROBLEMA Limpar bandeja de chapeado de prata.

QUEBRA-GALHO

O QUE USAR   Bicarbonato, vinagre e panos; ou farelo de cereais, vinagre e pano.

COMO FAZER   Salpique bicarbonato sobre a bandeja como se estivesse jogando açúcar, espirre vinagre por cima. Esfregue toda a bandeja com pano úmido antes de polir com pano seco. Você também pode misturar farelo de cereais e vinagre para formar uma pasta e esfregar na bandeja. Esfregue com pano úmido para limpar a pasta e depois com pano seco.

CINZEIROS

A melhor maneira de limpar cinzeiros é com cinza de cigarro. Com um pano úmido, esfregue cinza pelo cinzeiro e lave com água e detergente.

CRIE SEU DESODORIZADOR DE AR

Misture ½ colher de chá de essência de baunilha, óleo de canela ou de eucalipto com algumas gotas de detergente num borrifador cheio de água. Ou coloque um pouco de bicarbonato num pires com algumas gotas do seu óleo essencial preferido e misture bem. Isso absorverá odores e deixará o ambiente agradável. Jamais use óleo de eucalipto para espirrar em superfícies pintadas ou plastificadas, para não descascá-las.

RELÓGIOS

Relógios antigos ou de herança devem ser levados a um profissional para limpar. Para manter um relógio de bolso funcionando, coloque dentro da máquina um pedaço de pano com óleo de bebê ou de máquina de costura. A poeira e a ferrugem dos movimentos do relógio cairão no pano e grudarão, em vez de ficar voando e estragar a máquina.

Os cuidados para a parte externa devem ser feitos de acordo com o material de que ele é feito. Limpe vidro com álcool mentolado. Jamais limpe pinos com limpador de prata ou latão. Só esfregue com pano com óleo.

Nenhum relógio deve ficar encostado na parede, pois o ar precisa circular ao redor. E certifique-se de que o relógio esteja nivelado.

PIANOS

A maioria dos pianos é feita de madeira, e a melhor maneira de conservá-los é com polidor de móveis de boa qualidade. As teclas podem ser de plástico, marfim ou ivorite. Dá para saber qual é qual pelas linhas na tecla. Tecla de plástico não tem linhas. Marfim tem linhas levemente irregulares. Ivorite tem linhas regulares.

Limpe teclas de plástico com glicerina. Pode limpar as de marfim com óleo de amêndoas doces ou, se estiverem muito sujas, com álcool mentolado e depois com óleo de amêndoas doces.

Se as teclas estiverem realmente muito sujas, use pequena quantidade de pasta de dente misturada com água e aplique cuidadosamente com cerdas flexíveis de algodão. Aplique o óleo de amêndoas doces, que protegerá o marfim de rachaduras. Limpe ivorite com álcool mentolado.

FLORES E VASOS

Quando era mais jovem, minha tarefa era fazer arranjos de flores para a casa. Tínhamos flores frescas em todos os cômodos. Flores colhidas durarão mais se você aparar o talo quando for colocá-las na água. Também durarão mais se você mantiver o nível de água no vaso. Faça isso colocando cubos de gelo no vaso toda manhã e noite.

No caso de margaridas e outras plantas de folha macia, apare o excesso de folhas e adicione uma pitada de sal e de açúcar na água. Isso faz as flores durarem mais e tira o cheiro da água.

Para violetas inglesas durarem mais, mergulhe toda a planta na água, por mais ou menos 2 minutos, e depois coloque no vaso.

Coloque um pedaço de cobre na água de rosas. Recupere rosas murchas aparando o caule e enchendo o vaso com água fria até o botão ou garganta da rosa.

Para evitar que o caule de flores nativas fique peludo, coloque um pedaço pequeno de carvão vegetal na água. Também existem produtos próprios para isso.

Remova o estame dos lírios antes de colocá-los no vaso, porque mancha.

QUEBRA-GALHO

FLORES ARTIFICIAIS

Tire pó regularmente de flores de plástico, tecido, seda e feltro com secador de cabelo na temperatura fria. Para limpar flores de plástico, segure-as de ponta-cabeça e sacuda levemente. Para ajudar a manter a cor, mantenha-as longe da luz do sol e, para afastar insetos, coloque dois cravos num saquinho verde pequeno e amarre no caule (tente achar verde no tom do caule para que fique camuflado).

A arte das flores secas: a história da Merle

INCIDENTE — *Minha filha casou recentemente e eu quero desidratar o buquê dela. É de rosas coloridas e tulipas.*

SOLUÇÃO Tire todos os fios, plásticos e laços da floricultura. Coloque o buquê de ponta-cabeça numa tigela um pouco maior que o buquê. Lentamente adicione areia na tigela. Enquanto fizer isso, balance levemente as flores para que a areia penetre nas pétalas. Tente não dobrar nem danificar as pétalas.

Quando o buquê estiver completamente coberto de areia, coloque a tigela no micro-ondas por períodos de 1 minuto até que os caules fiquem semelhantes à madeira. Também pode usar o forno na menor temperatura possível por mais ou menos 3 horas. O caule parecido com madeira indica que o buquê está pronto. Espere a areia esfriar antes de tirá-la. Não toque na areia enquanto estiver quente. Coloque de volta os fios e fitas. Para limpar flores secas, use um secador na temperatura fria. Afaste os insetos com dois cravos.

VASOS

Vasos podem ser peças difíceis de limpar, principalmente os muito estreitos. Se tiver dificuldade para limpar uma mancha, cubra-a com óleo de bebê e deixe por mais ou menos 2 horas. Remova o óleo com pincel ou com um palito de bambu com as pontas desfiadas. Proteja a parte de metal do pincel para não riscar o vaso. Para alcançar mais facilmente áreas difíceis, enrole a ponta desfiada do bambu.

PLANTAS DE AMBIENTES INTERNOS

Não se deve deixar plantas perto de rádios, TVs ou outros aparelhos eletrônicos. Os campos eletromagnéticos não fazem bem às plantas, e equipamentos eletrônicos não gostam de água.

Um jeito econômico de limpar as plantas que gostam de água nas folhas é colocando-as dentro do box do chuveiro enquanto você toma banho. As poucas gotas de água e sabão que cairão sobre a planta farão muito bem a ela.

PERGUNTA — *Formigas estão construindo um formigueiro no meu vaso de plantas – diz Cynthia. – Como posso me livrar delas?*

PROBLEMA Vaso com formigas.
O QUE USAR Bórax, açúcar de confeiteiro ou produto antiformigas.
COMO FAZER Misture 1 parte de bórax e 1 parte de açúcar de confeiteiro e coloque um montinho perto do formigueiro. Seja cautelosa com o bórax, por ser tóxico. Lave bem a colher que usou para fazer a mistura.

Leia as instruções antes de usar produto antiformigas. Quando possível, encontre o formigueiro e coloque água fervendo em vez de usar venenos.

PISOS, PAREDES E JANELAS

Se você não espirra alguma coisa no chão ou nas paredes, você não vive. Crianças correm, amigos vêm tomar um café ou fazer um churrasco, os animais de estimação deixam rastros de sujeira pela casa... são as coisas da vida e, como a vida, é uma bagunça. Derramaremos vinho, linguiças gordurosas cairão, e gotas de vela pingarão. Apesar disso, você pode resolver todos esses problemas e jamais precisará chorar sobre o leite derramado novamente.

Tapete engordurado: a história da Beverley

INCIDENTE *Estava assando batatas no forno e achei que seria muito inteligente colocar papel manteiga embaixo delas para absorver a gordura. Depois de comermos, peguei o papel e levei-o até o lixo. Mas obviamente não o segurei direito, pois quando me virei vi uma trilha de gotas de óleo no tapete. Tentei limpar com bicarbonato, produtos de limpeza, ferro quente e fluido de limpeza a seco. Nada funcionou!*

SOLUÇÃO *Encha um balde com água fria e detergente suficiente para ficar espumoso. Aplique espuma nas manchas e esfregue com escova de dente velha. Use a menor quantidade de água possível. Seque o lugar com papel toalha ou esponja bem absorvente.*

Deixe secar naturalmente e repita o processo até tirar toda a mancha. Detergente ajuda a quebrar as moléculas de gordura e as leva para a superfície.

PISOS

O piso é provavelmente a parte mais suscetível da casa para sujeira, respingos e manchas. Um dos meus truques para limpar rápido o chão no caso de receber visitas é molhar uma camiseta velha na água, enrolar numa vassoura e passar no chão.

Na limpeza normal, sempre aspire ou varra antes de esfregar.

MADEIRA E CORTIÇA

Antes de jogar fora as folhas de chá usadas, espalhe-as com cuidado sobre o piso de madeira impermeabilizado. Sim, é um ótimo jeito de limpá-lo. Só tenha o cuidado de usar folhas úmidas, não molhadas. Aspire-as imediatamente. Aprendi essa dica com minha avó, que também adorava tomar chá. Você também pode usar saquinhos de chá, amarrando-os atrás da vassoura e varrendo o chão.

Depois de aspirar, coloque duas gotas da sua essência preferida (eu uso lavanda) em um balde com água e esfregue no chão com esfregão.

Se não quiser usar folhas ou saquinhos de chá, limpe com ½ xícara de vinagre por balde de água. Se a madeira não for impermeabilizada, salpique bicarbonato e espirre vinagre por cima. Esfregue e enxágue com água.

Para limpar manchas velhas de urina na madeira, use sabão cáustico. Talvez seja preciso repintar a madeira ou cobrir com verniz.

PROBLEMA — Rangido em piso de tábuas.
O QUE USAR — Talco e cera.
COMO FAZER — O rangido normalmente é causado pelo movimento das tábuas se encostando. Jogue talco no chão. Ele entrará nas divisas das tábuas e criará uma barreira. Encere normalmente.

Descobri isso porque morei numa casa onde todas as tábuas rangiam, exceto as do banheiro, onde caía talco no chão. Joguei talco no chão dos outros cômodos e parou de ranger. Grande descoberta!

PERGUNTA — *Meu piso é de tábuas de madeira e tem fita dupla face de tapete nele – conta Diana. – Quando tento tirar a fita, ela leva o verniz junto. O que posso fazer?*

PROBLEMA — Madeira com adesivo.
O QUE USAR — Fita adesiva, pano, água quente, filme plástico, óleo de melaleuca e lenço de papel.
COMO FAZER — Remova o quanto puder da cola colocando fita adesiva por cima e tirando rapidamente. Faça isso várias vezes. Umedeça um pano em água quente e coloque sobre a fita que quer remover. Coloque filme plástico por cima do pano e deixe por 5 minutos. Tire o filme plástico e o pano e aplique óleo de melaleuca sobre o adesivo. Tire a fita dupla face enrolando-a com lenço de papel.

LADRILHOS CERÂMICOS

Morei numa casa que tinha ladrilho cerâmico espanhol com rejunte escuro. Toda vez que eu os limpava, as pontas dos ladrilhos ficavam manchadas de sujeira. É que os donos anteriores nunca haviam limpado o rejunte e ele estava com camadas de sujeira e fuligem. Sugiro que use limpador de plástico (e não de aço) para essa tarefa. Esfregue o rejunte para a frente e para trás.

Para limpar os ladrilhos, salpique bicarbonato, espirre vinagre e esfregue o chão. Enxágue com água quente. Talvez o vinagre deixe o cômodo com cheiro de salada, mas se dissipará e ainda terá o benefício de não deixar o chão escorregadio.

Para impermeabilizar ladrilhos de terracota ou ladrilho espanhol lavado e não esmaltado, misture 1 parte de cola de madeira em 20 partes de água, esfregue sobre a superfície e deixe secar completamente. Deverá demorar de 2 a 4 horas para secar, dependendo da temperatura ambiente. A proteção durará mais ou menos 3 meses.

PERGUNTA — *Tenho um esfregão de metal, e ele escureceu meus ladrilhos cerâmicos — conta Bill. — Existe solução para isso?*

PROBLEMA Ladrilho com resíduos de metal.
O QUE USAR Bicarbonato, vinagre, escova de nylon, água quente e fita adesiva.
COMO FAZER Salpique bicarbonato sobre os ladrilhos, espirre vinagre e esfregue com escova de nylon. Enxágue com água quente. Para evitar o problema, passe fita adesiva em volta do metal do esfregão.

CONCRETO

A família Kerry tinha grandes planos para sua casa dos sonhos.

PERGUNTA — *Compramos um pedaço de terra num vale e fizemos um barracão temporário para morarmos enquanto construíamos a casa principal. O tempo passou e acabamos não construindo a casa, resolvemos ficar no barracão e aumentá-lo. Mas já moramos nele há 11 anos e o concreto ficou muito sujo. Como podemos limpar antes de colocar os ladrilhos?*

QUEBRA-GALHO

PROBLEMA Piso de concreto sujo.
O QUE USAR Bicarbonato, vinagre, escova dura ou vassoura dura e esfregão.
COMO FAZER Salpique bicarbonato sobre a superfície, espirre vinagre por cima, esfregue com escova ou vassoura duras. Enxágue com água morna e esfregão. Se estiver realmente muito sujo, talvez seja preciso repetir a operação algumas vezes.

CARPETES/TAPETES

Compre o carpete da melhor qualidade que você puder pagar, porque, quanto melhor a qualidade, menos desgaste terá. Uma irmã minha comprou carpete barato e teve que trocá-lo após 5 anos. Simplesmente não vale a pena.

Aspire uma vez por semana, apesar de isso variar de acordo com a quantidade de movimento que acontece em cima do carpete. Sugiro que use limpador de carpete a cada 3 meses. Depois de espirrar a espuma no carpete, esfregue com vassoura enrolada numa camiseta velha e limpa. Deixe secar naturalmente por mais ou menos 1 hora e depois aspire. Se fizer isso de 3 em 3 meses, seu carpete nunca ficará sujo a ponto de você ter que limpá-lo com vapor.

Gosto de espalhar farelo de cereais em cima do carpete e esfregar com vassoura. E depois aspirar. Se o carpete estiver encardido, umedeça o farelo de cereais com vinagre até formar uma pasta que não seja molhada e espalhe no carpete. Esfregue com vassoura e aspire.

Para tirar cheiro de carpete, prepare um borrifador com 1 parte de bicarbonato, 3 partes de vinagre e 5 partes de água. Espirre no carpete e esfregue com esponja, mas não exagere na quantidade para não encharcar. Salpicar bicarbonato antes de aspirar também é bom para tirar cheiro, mas não necessariamente limpa manchas do carpete. Você terá que limpá-las separadamente.

Jamais coloque ferro de passar no carpete, para não deixar marcas de queimadura nos carpetes naturais e não derreter os de nylon ou poliéster. Aprendi isso quando minha tábua de passar quebrou e eu coloquei alguns lençóis no carpete para passar. O carpete derreteu e ficou uma marca horrível.

COMO USAR O ASPIRADOR DE PÓ

Eu me realizo quando aspiro. Adoro. Mas para fazer do jeito certo você precisa conhecer seu aspirador de pó. Você sabia que existem outros acessórios para ele? Essas outras escovas e bicos mudarão o jeito de aspirar. Será como trabalhar com uma mão nas costas. Esses são os componentes do aspirador de pó e o que cada um faz.

ASPIRADOR: *é a peça principal, a conexão de entrada e saída. A entrada é onde a mangueira se encaixa. A saída é por onde o ar sai do aparelho e geralmente é coberta. Você pode encaixar a mangueira ali para fazer refluxo. O soprador de grama e de folhas é simplesmente o inverso do aspirador de pó.*

SACO COLETOR DE PÓ: *localizado dentro do aspirador. Aparelhos modernos têm uma janela que mostra quando estiver cheio. Se o seu não tiver isso, verifique toda vez que usar o aspirador. É bom limpar o saco coletor regularmente. O aspirador não funciona direito se o saco coletor já estiver mais da metade cheio.*

TUBO PROLONGADOR (PARTE DURA): *troque o comprimento do tubo prolongador para adaptá-lo à sua altura ou de acordo com o que estiver limpando. Use o menor quando estiver aspirando móveis e o maior quando limpar o chão. Se você for alta, compre prolongadores extras em loja especializada.*

TUBO (PARTE FLEXÍVEL): *conexão da mangueira.*

BOCAL PRINCIPAL: *pode ser colocado com as cerdas para cima ou para baixo. Coloque-as para baixo para pisos brilhantes ou duros. Coloque-as para cima para pisos macios, a menos que tenha animais de estimação. Tire os pelos das cerdas com um pente.*

BOCAL DE ESCOVA: *essa peça pequena e redonda com cerdas longas é feita para limpar teias e superfície de móveis, cortinas e galeria de cortina.*

BOCAL PARA CANTO E FRESTAS: *use-o para alcançar espaços pequenos, como o lado de uma cadeira, em volta de botões de móveis com almofada, para alcançar cantos de rodapés ou sulcos de trilhos de portas deslizantes.*

Aspire de cima para baixo dos cômodos. Comece a aspirar com a escova e remova as teias do teto. Depois, limpe a parte de cima dos móveis e objetos, como armários, molduras de quadro, colunas, abajures, peitoris e molduras das janelas, e daí em diante.

Troque para o bocal de cantos e frestas. Aspire rodapés e pisos nos cantos e pontas. Coloque o bocal principal e aspire embaixo dos móveis e as áreas principais. Comece numa parte do cômodo e se mova diagonalmente. Aspirar nesse sentido faz menos pressão nas fibras do carpete e deixa menos marcas.

Quando estiver terminando de aspirar, espirre e aspire um pouco de inseticida dentro do aspirador para matar algum inseto que possa ter entrado nele.

Se você for alérgica a ácaros, aspire dois saquinhos de chá ainda úmidos antes de começar a limpeza.

Para procurar objetos pequenos no tapete, use o aspirador de pó! Coloque uma camiseta entre o bocal e o aspirador, aspire o local e o objeto ficará parado na camiseta, sem chegar ao saco coletor.

Para limpar o aspirador de pó, aspire dentro dele e de todas as peças, e limpe a parte externa com pano úmido. Lave os bocais numa solução fraca de detergente, mas seque bem para não enferrujar.

PERGUNTA — Temos um cachorro idoso – diz Annie –, e ele está perdendo a noção das coisas. Outro dia fez as necessidades na entrada da casa e ficou andando com as patas sujas em cima do carpete. O que podemos fazer?

PROBLEMA Sujeira de animal de estimação no carpete/tecido.

O QUE USAR Papel toalha, bicarbonato, vinagre, esponja ou escova de nylon, aspirador de pó; ou balde, água fria, detergente, escova de dente velha, vinagre, água, bicarbonato e aspirador de pó; ou óleo de lavanda, algodão ou cânfora ou naftalina; ou bicarbonato, esponja, vinagre, escova de nylon e aspirador de pó ou escova dura; ou lâmpada ultravioleta e giz.

COMO FAZER Remova a maior quantidade sólida possível e seque totalmente o tapete com papel toalha. Salpique bicarbonato sobre a mancha e espirre um pouco de vinagre. Esfregue com esponja ou escova de nylon e deixe secar naturalmente. Aspire e, se ficar cheiro, faça de novo.

Outro jeito de resolver o problema: encha um balde com água fria e detergente o suficiente para fazer espuma. Aplique a espuma de detergente com uma escova de dente velha, usando a menor quantidade de água possível. Agora, encha um balde com água morna e detergente e aplique a espuma na mancha novamente com escova de dente.

Deve-se usar água fria e morna, porque fezes contêm proteínas e gordura. Deixe secar naturalmente. Livre-se de cheiro de urina de animal usando papel toalha com vinagre e água. Salpique bicarbonato, deixe secar e aspire. Jamais encharque manchas de urina no tapete, pois isso só vai empurrar a mancha mais para dentro das fibras.

Já que os animais gostam de voltar ao mesmo lugar, coloque pequena quantidade de óleo de lavanda num algodão e esfregue levemente no lugar. Isso deterá cachorros. Use uma combinação de cânfora e água para deter os gatos. Se o seu carpete for colorido, coloque naftalina perto do local. Cânfora pode desbotar o carpete.

Cubra as manchas antigas com grande quantidade de bicarbonato, esfregue com esponja molhada com vinagre e depois com escova de nylon. Seque completamente. Aspire ou varra com escova dura.

Na terrível situação de sentir o cheiro e não encontrar a mancha antiga, use uma lâmpada ultravioleta (UV), não luz negra. Sob essa luz, as manchas ficarão fluorescentes e brilharão (não olhe diretamente para a luz ultravioleta, para não prejudicar seus olhos, e, a menos que queira ficar bronzeada, não fique na frente da lâmpada).

Marque as manchas com giz. Agora você terá a tarefa de limpar a mancha, e muito bicarbonato e um pouco de vinagre ajudarão. Já que as manchas estão lá há algum tempo, talvez seja preciso repetir a operação algumas vezes.

PERGUNTA — *Temos alguns lírios na mesa de centro da nossa sala – diz Mike – e os estames caíram no nosso carpete branco e deixaram uma mancha amarela. Tem como limpar?*

PROBLEMA Mancha de pólen em carpete/tecido.
O QUE USAR Querosene, algodão e papel toalha; ou saco plástico.
COMO FAZER Se a mancha já se solidificou, umedeça-a com algodão com querosene, depois com algodão com álcool mentolado. Seque com papel toalha antes de repetir a operação. Repita os procedimentos até remover a mancha. Alguns polens serão fáceis de tirar, outros precisarão de muitas tentativas.

Para evitar o problema, sugiro que retire os estames antes de colocar as flores no vaso. Para fazer isso, cubra a mão com saco plástico, puxe os estames e deixe-os no saco plástico. Amarre o plástico e jogue-o no lixo. Assim, suas mãos não entram em contato com os estames.

PERGUNTA — *Nossa filha de 5 anos estava brincando com esmalte de unha e derrubou uma gota enorme no carpete – conta Craig. – E, claro, bem no meio da sala. Existe solução para isso?*

PROBLEMA Carpete com mancha de esmalte de unha ou de cola.
O QUE USAR Pente-fino de metal para tirar piolhos, lenço, algodão, solução de acetona, secador de cabelo, pano e álcool mentolado; ou líquido para remover cola forte.
COMO FAZER Essa tarefa é difícil e consome tempo. Enrole um pente-fino de metal em um lenço, de forma que os dentes do pente atravessem o lenço. Não use pente de plástico ou a solução de acetona o derreterá. Coloque o pente num ângulo que pegue a base do carpete e force-o para baixo da mancha.

Umedeça uma bola de algodão com solução de acetona e esfregue em cima da mancha, ainda com o pente embaixo dela. Trabalhe na mancha fileira a fileira, usando uma bola de algodão limpa para cada fileira. A solução de acetona pode afetar o tapete, então tenha cuidado para não deixar penetrar na base. Troque o lenço quando ficar molhado. O processo é lento e talvez seja preciso repetir algumas vezes.

Se for uma mancha de resina com epóxi, primeiro aqueça-a com secador de cabelo. Umedeça um pano com água fervendo, torça-o e coloque-o sobre a mancha até que o pano comece a esfriar. Belisque o pano e puxe-o para remover a maior quantidade de resina possível. Repita isso algumas vezes antes de partir para a solução de acetona.

Para se livrar do cheiro de solução de acetona, use álcool mentolado e água. Também pode usar solução de acetona para remover cola forte do tapete, mas demora muito tempo. Tente usar líquido removedor de cola forte para um resultado mais rápido.

PERGUNTA — *Um dia desses, meu filho decidiu ajudar a passar o aspirador de pó – conta Rick – e ele conseguiu aspirar um pouco de batom, que acabou ficando preso nas cerdas do bocal do aspirador. Agora tem batom no carpete inteiro. O que podemos fazer?*

PROBLEMA Carpete com mancha de batom.
O QUE USAR Fluido de limpeza a seco, algodão, bicarbonato e aspirador de pó.
COMO FAZER Use algodão com fluido de limpeza a seco para amolecer a cor da mancha de batom. Salpique bicarbonato em cima da mancha. Aspire.

PERGUNTA — *As crianças derramaram suco de laranja sobre o carpete – diz Tina. Como posso limpá-lo?*

PROBLEMA Carpete com mancha de fruta.
O QUE USAR Pano branco, vinagre, glicerina, algodão ou escova de dente velha, talco, aspirador de pó, limpador de carpete alvejante em pó com oxigênio e papel toalha.
COMO FAZER Certifique-se de que o carpete não desbota*. Nas manchas de frutas que ficam marrons, como damasco, kiwi, maçã, banana e outras, passe glicerina com algodão ou escova de dente velha e salpique talco por cima. Aspire. Use limpador de carpete. Aspire novamente. Uma alternativa para

limpador de carpete é usar uma pasta de água e alvejante em pó com oxigênio sobre a mancha e deixar por alguns minutos. Esfregue para limpar, enxágue e seque o excesso com papel toalha, deixe o tapete secar naturalmente e depois aspire.

*Para testar se o carpete desbota ou não, molhe um pano branco com vinagre e aplique sobre uma parte do carpete que não fique à mostra. Se o pano branco absorver alguma cor, o carpete desbota e talvez você precise remendá-lo. Os procedimentos estão explicados no item "Como remendar o tapete", mais adiante.

PERGUNTA — *Tentei limpar um respingo de suco de laranja do carpete com detergente e água morna – conta Lynn – agora a mancha fixou e ficou com cor de ferrugem. Preciso de ajuda!*

PROBLEMA Carpete com mancha fixada de suco de laranja.
O QUE USAR Alvejante em pó com oxigênio, panos e toalha de papel.
COMO FAZER A tentativa de Lynn fez com que a mancha fixasse. Faça antes um teste num local discreto para certificar-se de que isso não tirará a cor do carpete*. Amoleça a mancha com uma pasta de água e alvejante em pó com oxigênio e deixe por alguns minutos. Remova a pasta com pano e seque qualquer umidade com papel toalha. Talvez seja preciso repetir o processo algumas vezes. Tenha cuidado para não deixar cair água na base do tapete ou manchará. Tenha bastante papel toalha à mão para secar qualquer umidade imediatamente. Repita se necessário.

* Se o carpete desbotar (para fazer o teste, molhe um pano branco com vinagre e coloque sobre uma área do carpete que não fique exposta; se o pano absorver alguma cor, o tapete desbota), talvez seja preciso remendá-lo. Esse processo está explicado no item "Como remendar o carpete".

PERGUNTA — *Um dos meus filhos espirrou limonada no nosso carpete cor-de-rosa escuro um tempo atrás e não conseguimos limpar – explica Michael. – Você tem alguma sugestão?*

PROBLEMA	Carpete com mancha velha de limonada adoçada com açúcar.
O QUE USAR	Glicerina, algodão, esponja ou pano, bicarbonato, escova de nylon, pano branco limpo e vinagre; ou detergente, água, escova de nylon e papel toalha.
COMO FAZER	Mancha de açúcar é muito difícil de remover, porque se infiltra bem atrás do carpete. Em manchas velhas, aplique um pouco de glicerina com uma bola de algodão e deixe por alguns minutos. Esfregue com esponja ou pano para limpar. Salpique bicarbonato sobre a mancha e esfregue com escova de nylon para penetrar nela. Molhe um pano branco e limpo com vinagre, torça e coloque em cima do bicarbonato. Pise no pano para que ele absorva o bicarbonato e a mancha. Talvez precise repetir algumas vezes.
	Se ainda assim a mancha não melhorar, misture água e detergente para formar espuma e esfregue a espuma na mancha com escova de nylon. Coloque papel toalha sobre o local para absorver a mancha. Talvez precise repetir algumas vezes também.
PROBLEMA	Carpete amassado por causa de mobília.
O QUE USAR	Pano úmido, secador de cabelo, escova de cabelo e spray de cabelo.
COMO FAZER	Pressione um pano úmido sobre o local. Seque com secador de cabelo, afofando o carpete com a escova enquanto seca. Se o carpete continuar marcado, aplique um pouco de spray para cabelo e seque novamente com o secador, girando a escova para cima.
PERGUNTA	*– Nossa casa foi invadida – diz Robyn. – Policiais vieram coletar impressões digitais e deixaram um pó preto no carpete que não sei como tirar. Liguei para eles perguntando e eles também não sabem!*
PROBLEMA	Mancha de tinta preta no carpete.
O QUE USAR	Leite, pano, detergente e suco de limão; ou fluido de limpeza a seco, algodão, talco e aspirador de pó.

QUEBRA-GALHO

COMO FAZER   O pó preto é à base de tinta. Deixe o leite estragar ao sol (o tempo para isso acontecer varia) e esfregue o leite sólido na mancha com pano. Deixe alguns minutos e lave com um pouco de detergente, suco de limão e água.

    Como alternativa, use fluido de limpeza a seco aplicado com algodão. Salpique um pouco de talco para absorver o fluido e aspire.

PERGUNTA   – *Nosso cachorrinho mastigou uma caneta esferográfica vermelha e caiu tinta em todo o nosso carpete branco* – conta Bob. – *O que devemos fazer?*

PROBLEMA   Tinta vermelha no carpete.
O QUE USAR   Fluido de limpeza a seco, algodão e vinagre.
COMO FAZER   A tinta vermelha é particularmente difícil de tirar. Pegue algodão com fluido de limpeza a seco e esfregue sobre a mancha. Depois, use algodão com vinagre para esfregar. Faça isso até remover a mancha.

PERGUNTA   – *Eu mesma pinto meu cabelo* – conta Chrissie. – *Normalmente, faço isso no banheiro, mas desta vez fiz no quarto e caíram algumas gotas no carpete. Como se limpa isso?*

PROBLEMA   Mancha de tinta de cabelo no carpete.
O QUE USAR   Spray para cabelo e limpador de carpete; ou fluido de limpeza a seco e algodão.
COMO FAZER   Se a tinta acabou de pingar, use spray para cabelo, deixe secar e limpe com limpador de carpete. Se já passou algum tempo, pegue algodão com fluido de limpeza a seco e esfregue sobre a mancha. Depois, esfregue com algodão limpo. Repita até remover toda a mancha.

PERGUNTA   – *Estou encrencado* – admite John. – *Derrubei um prato inteiro de espaguete à bolonhesa no carpete bege e no sofá de algodão branco. É uma parte da casa onde normalmente é proibido comer. Como posso me redimir?*

PROBLEMA   Mancha de espaguete à bolonhesa no carpete/tecido.
O QUE USAR   Sabão, esponja, lâmpada ultravioleta e papelão.
COMO FAZER   Já que espaguete à bolonhesa contém proteína, use água fria, sabão e esponja para remover primeiro as proteínas. Depois, use uma lâmpada ultravioleta. Cubra a parte não manchada com papelão para proteger e deixe a luz sobre a mancha por mais ou menos 24 horas, olhando a cada 2 horas (não olhe diretamente para a lâmpada para não danificar seus olhos e, a menos que queira ficar bronzeado, não fique na frente dela).

Pode fazer o mesmo com o sofá, mas colocá-lo sob o sol é melhor.

PERGUNTA   – *Estava tomando uma cerveja num dia muito quente e acabei derramando um pouco no carpete – conta Ross. – Isso aconteceu ontem, e o pior é que a cerveja era escura. O que devo fazer?*

PROBLEMA   Mancha de cerveja escura no carpete.
O QUE USAR   Vinagre, papel toalha, detergente, água fria e escova de dente velha.
COMO FAZER   Já que a mancha tem um dia, molhe-a com vinagre e seque com papel toalha. Você absorverá melhor a mancha se enrolar o papel toalha numa bola e colocar sobre a mancha.

Coloque detergente na água fria para fazer espuma e espalhe a espuma sobre a mancha com a escova de dente velha. Use a menor quantidade de água possível. Deixe secar naturalmente e repita o processo até que limpe tudo.

Quando a mancha for recente, absorva a maior quantidade possível com papel toalha, misture detergente e água fria e aplique a espuma na mancha.

PERGUNTA   – *Convidei uns amigos para assistir a um DVD e um deles derramou vinho tinto no carpete – conta Steven. – Qual é a melhor maneira de limpar?*

PROBLEMA Mancha recente de vinho tinto no carpete.
O QUE USAR Bicarbonato, aspirador de pó, vinagre e escova de nylon.
COMO FAZER Cubra a mancha com boa quantidade de bicarbonato e deixe secar por alguns segundos. Aspire e aplique menor quantidade de bicarbonato, adicione um pouco de vinagre e esfregue com escova de nylon. Deixe secar e aspire.

PROBLEMA Mancha antiga de vinho tinto no carpete.
O QUE USAR Pano e vinagre; ou álcool mentolado e pano.
COMO FAZER Umedeça a mancha com um pano molhado com vinagre. Se a mancha não sair, umedeça-a levemente com um pano com álcool mentolado.

PROBLEMA Mancha de graxa de sapato e marcas de pés no carpete.
O QUE USAR Óleo de eucalipto e algodão; ou fluido de limpeza a seco.
COMO FAZER Esfregue óleo de eucalipto com algodão sobre a mancha. Como alternativa use algodão e fluido de limpeza a seco.

PROBLEMA Mancha de comida gordurosa no carpete.
O QUE USAR Papel toalha, secador de cabelo, balde, detergente e escova de dente velha.
COMO FAZER Faça uma bola de papel toalha, aqueça o carpete com o secador de cabelo e coloque a bola de papel toalha sobre a mancha. Pise no papel para absorver a maior quantidade possível de gordura.

Encha um balde com água morna e detergente suficiente para fazer espuma. Aplique a espuma na mancha com a escova de dente velha e esfregue usando a menor quantidade de água possível. Coloque papel toalha limpo em cima da mancha e pise nele. Deixe secar naturalmente.

Outra opção é esfregar pequena quantidade de fluido de limpeza a seco nas fibras. Não encharque o carpete. Apenas umedeça-o e esfregue levemente com papel toalha. Cubra com talco para absorver o fluido de limpeza a seco. Aspire o talco.

PROBLEMA	Mancha de cera de vela no carpete.
O QUE USAR	Gelo, faca sem corte, pente de metal, papel toalha e secador de cabelo.
COMO FAZER	Coloque gelo na cera para a endurecer e raspe o quanto puder com a faca sem corte. Encaixe o pente de metal embaixo da cera e coloque papel toalha em cima dela. Use o secador de cabelo em cima. O papel toalha absorverá a cera. Repita a operação até limpar tudo. Jamais use ferro de passar no carpete para não torrar as fibras naturais, nem derreter as fibras sintéticas.
PERGUNTA	*– Minha filha de 2 anos quis me ajudar a guardar as compras – conta Megan. – Entreguei para ela uma embalagem longa vida de creme de leite e ela derrubou em cima do meu carpete verde. Ficou uma sombra branca e um cheiro horrível. O que posso fazer?*
PROBLEMA	Mancha de creme de leite no carpete/tapete.
O QUE USAR	Detergente, escova de dente velha e papel toalha; ou fluido de limpeza a seco, algodão, talco, aspirador de pó e limpador de carpete.
COMO FAZER	Ataque primeiro as proteínas. Coloque detergente em água fria, o suficiente para formar espuma, e aplique só a espuma na mancha com escova de dente velha. Seque com papel toalha.
	Remova a gordura com espuma de detergente, desta vez misturada com água quente. Aplique a espuma somente no local da mancha com escova de dente velha e seque com papel toalha.
	Como alternativa, use fluido de limpeza a seco numa bola de algodão. Salpique talco sobre o fluido para absorvê-lo. Aspire. Para se livrar do cheiro, use limpador de carpete.
PROBLEMA	Mancha velha de café e chá no carpete.
O QUE USAR	Glicerina, algodão, esponja, vinagre branco, bicarbonato e aspirador de pó.

QUEBRA-GALHO

O QUE USAR / COMO FAZER Aplique glicerina com algodão na mancha. Deixe 5 minutos e depois esfregue com esponja umedecida com vinagre branco. Salpique bicarbonato e aspire quando estiver seco.

PROBLEMA Mancha velha de vômito no carpete.
O QUE USAR Glicerina, algodão, leite, panos, aspirador de pó e limpador de carpete.
COMO FAZER Como limpar o vômito, depende do que estiver na mancha. Já que a mancha é antiga, aplique glicerina com uma bola de algodão sobre ela. Azede um pouco de leite ao sol (o tempo para isso acontecer varia) e aplique as partes sólidas sobre a mancha, usando um pano. Deixe até quase secar, aspire e lave os pedaços de leite com pano úmido. Limpe a área com limpador de carpete.

PERGUNTA – *Minha esposa abriu um tubo de base de maquiagem e derrubou no nosso carpete de lã branca – conta Brian. – Tem como tirar?*

PROBLEMA Maquiagem no carpete.
O QUE USAR Detergente, escova de dente velha, papel toalha e limpador de carpete; suco de limão ou lâmpada ultravioleta e papelão.
COMO FAZER Primeiro descubra se a maquiagem tem óleo na composição. Se tiver, limpe com detergente e água fria, mas aplique somente a espuma na mancha com escova de dente velha. Seque com papel toalha. Limpe o local com limpador de carpete. O sol clareará a mancha.

Se você não puder colocar o carpete ao sol, aplique um pouco de suco de limão na mancha ou aplique a luz de uma lâmpada ultravioleta. Proteja a parte não manchada do carpete com papelão ou também desbotará. Deixe a luz ultravioleta em cima da mancha por mais ou menos 24 horas, olhando de 2 em 2 horas. Não olhe diretamente para a luz ultravioleta para não prejudicar seus olhos.

PERGUNTA — *Tem chiclete grudado no meu carpete — diz Mary. — Adoraria me livrar daquela coisa horrível. O que você sugere?*

PROBLEMA   Chiclete no carpete.
O QUE USAR   Gelo, faca ou tesoura ou palito de sorvete, algodão, fluido de limpeza a seco, óleo de eucalipto ou de melaleuca, lenço de papel e aspirador de pó.
COMO FAZER   Coloque gelo no chiclete para endurecê-lo. Tire o chiclete duro com faca, tesoura ou palito de sorvete. Quando tiver tirado o máximo possível, umedeça algodão em fluido de limpeza a seco e lentamente limpe o chiclete. Aplique óleo de eucalipto ou de melaleuca sobre o chiclete e esfregue a área em círculos com lenço de papel. Aspire.

PROBLEMA   Carpete chamuscado/queimado.
O QUE USAR   Pano branco, vinagre, peróxido de hidrogênio 3%, pano úmido e tesoura.
COMO FAZER   Primeiro teste se o carpete desbota. Para isso, molhe um pano branco no vinagre e aplique numa parte do carpete que não fique à mostra. Se sair alguma cor no pano, o carpete desbota.

Se não desbotar, corte um pano no tamanho da queimadura e mergulhe-o em peróxido de hidrogênio 3%. Coloque o pano na marca por 2 minutos. Enxágue com pano úmido.

Se a marca for muito feia ou se o carpete desbotar, corte a superfície da lã com tesoura ou remende. Veja como no item "Como remendar o carpete".

PERGUNTA — *É uma história um pouco triste — avisa Bronwyn. — Meu marido e eu viajamos um fim de semana e deixamos nossos três filhos adolescentes em casa. O cachorro teve um acidente no carpete e um dos meninos limpou com a primeira coisa que achou no armário, que era limpador de azulejo. Ele espirrou o produto no tapete e agora tem meio acre de mancha marrom. O que posso fazer?*

QUEBRA-GALHO

PROBLEMA Limpador de azulejo espirrado no carpete.
O QUE USAR Remendar o carpete.

COMO REMENDAR O CARPETE

Com um estilete, corte ao redor da parte danificada para deixar a forma manejável. Pegue um pedaço do carpete (quem sabe, uma sobra ou recorte de um pedaço que ninguém veja, como embaixo do armário) um pouco maior que a área atingida. Veja se o desenho do recorte acompanha o do carpete. Faça um molde de papel da área que vai remendar e transfira para o remendo. Corte as sobras com faca afiada. Você precisará de fita dupla face ou fita de tapete, vendida em tapeçarias.

Coloque a fita nos cantos da área atingida, com a parte da cola virada para cima. Deixe metade da fita dentro da parte antiga do tapete e metade à mostra no buraco. Pressione o remendo no buraco, colando-o na parte exposta da fita.

Escove o tapete nas duas direções até que as fibras do tapete e do remendo se alinhem. Pise sobre a área por 5 minutos para colar bem. Coloque um livro em cima do remendo e deixe por 24 horas.

TAPETES E CAPACHOS

Tapetes são bons para áreas de bastante movimento e para quem tem crianças em casa. Quanto menos sujeira esses tapetes acumularem, mais tempo durarão. E, diferente do carpete, você pode levá-los para fora e bater neles.

Para limpar um tapete oriental, aspire-o. Enrole uma escova de cabelo numa camiseta velha molhada com um pouco de condicionador de cabelo e água morna. Esfregue o tapete com isso até ficar úmido, mas não molhado. Isso manterá as fibras macias. Quando terminar, use a escova de cabelo novamente, sem a camiseta, para afofar as fibras. Aspire de novo.

A quantidade de vezes que precisará fazer isso dependerá de quanto movimento o tapete aguenta. Se muita gente limpar os sapatos nele, repita o processo a cada 2 meses. Seus tapetes ficarão menos sujeitos a absorverem manchas se você usar impermeabilizante de tecidos neles após a limpeza.

PISOS, PAREDES E JANELAS

PROBLEMA   Ponta do tapete/capacho levantada.
O QUE USAR Rede de borracha ou garra de arame.
COMO FAZER Uma opção é colocar uma rede de borracha embaixo. Outra opção é amarrar uma garra de arame na ponta do tapete para ajudá-lo a ficar esticado. Você encontra as duas em tapeçarias.

SISAL

O melhor para limpar sisal é varrer. Jamais use limpadores líquidos. Para mim, a melhor maneira de limpar é misturar farelo de cereais e vinagre até ficar uma massa sólida, mas não molhada. Espalhe sobre o sisal e varra para a frente e para trás, depois aspire. O farelo de cereais dá polimento e é absorvente.

FIBRA DE COCO

Esse acabamento atrai insetos, então aspire regularmente. Deixe saquinhos com menta nos cantos do cômodo para afastar os insetos. Use uma mistura de farelo de cereais e vinagre para limpar, como descrito no item "Sisal".

LINÓLEO, VINIL E PLÁSTICO ADERENTE

Linóleo é feito de estopa ou lona revestida de óleo de linhaça. Graças à evolução do plástico, agora existem diversas variações de linóleo.

Para limpar, salpique bicarbonato sobre a superfície, espirre vinagre por cima e esfregue. Enxágue com água quente e deixe secar naturalmente.

PERGUNTA   *– Meu piso de linóleo está bem marcado de caneta esferográfica – conta Julie. – Como faço para tirar?*

PROBLEMA   Mancha de tinta de caneta esferográfica no linóleo.
O QUE USAR Algodão e fluido de limpeza a seco; ou leite e escova de dente velha; ou querosene e algodão.

COMO FAZER Molhe algodão em fluido de limpeza a seco e esfregue sobre as marcas. Você também pode azedar um pouco de leite ao sol. Esfregue o sólido do leite estragado na mancha usando uma escova de dente velha, depois lave.

Se a tinta for vermelha e o piso de linóleo, aplique querosene com algodão. Se o revestimento for de vinil ou plástico aderente, a tinta vermelha não sai. É impossível remover!

PORTAS

Um dos meus truques quando a casa está meio desarrumada e vou receber visitas em poucos minutos é esfregar óleo de lavanda nos batentes das portas. O cheiro cria a impressão de limpeza e ainda afasta os insetos!

Limpe as portas a cada 2 meses ou quando ficarem sujas. Se a porta for muito polida ou tiver acabamento laminado, limpe com água e detergente. Se tiver revestimento de polimento francês, use polidor de mobília sem silicone de boa qualidade. Esfregue marcas de mão engordurada com pano úmido. Limpe maçanetas de cromo, latão ou vidro com bicarbonato e vinagre numa esponja.

Se sua porta range, esfregue as dobradiças com sabão. Se a porta emperra ou fica dura quando está fechada, use grafite nos buracos da fechadura e nas fendas ao redor da lingueta. Se estiver emperrando e você não souber onde lixar, esfregue giz na lateral, feche a porta e o giz ficará na parte que precisará ser lixada.

COMO TIRAR UMA CHAVE QUEBRADA DE DENTRO DA FECHADURA

Você já quebrou chave dentro da fechadura? Para consertar o dano, você precisará de um pouco de cola forte – torça para ela estar do mesmo lado da porta que você!

Ponha bem pouca cola no pedaço da chave que está na sua mão e a coloque com muito cuidado na fechadura até encontrar a parte quebrada lá dentro. Não encoste cola na fechadura. Segure com cuidado por 3 minutos. Gradual e lentamente remova o pedaço quebrado. Evite virar a chave enquanto faz isso. Faça uma cópia da chave!

ABAJURES E LUMINÁRIAS

Abajures iluminam um cômodo e geralmente também criam clima. É possível limpar luminárias de tecido a seco ou com limpador de tapete. Quando o limpador de tapete secar, aspire com o bocal de escova do aspirador de pó para tirar o produto. Veja se a escova do aspirador está limpa, para não fazer mais sujeira.

Limpe abajur de vidro com água morna. Limpe as partes de metal ou latão com polidor de latão de boa qualidade e não deixe molhar as partes elétricas do abajur. Para afastar insetos, espirre inseticida na parte superior da luminária.

Toda vez que trocar a lâmpada, limpe a nova com pano para que ela brilhe mais. Para evitar que lâmpadas halógenas corroam, esfregue o conector com pano toda semana.

PROBLEMA	Lâmpada quebrada no soquete.
O QUE USAR	Luvas de borracha e cenoura.
COMO FAZER	Certifique-se de que a luz esteja apagada e lembre-se de colocar luvas de borracha. Pegue uma cenoura, corte a parte superior e empurre a cenoura no soquete. Rosqueie ou vire e tire. Tire todos os pedaços pequenos de vidro quebrado antes de colocar lâmpada nova.

PAREDES

Marcas na parede são inevitáveis, especialmente em áreas de grande movimento ou se houver crianças com mãos sujas que usam as paredes como apoio. Cuidado se for usar produtos comerciais para limpar as marcas, pois a maioria tem base de álcool que pode estragar a superfície e deixar uma marca branca e brilhante no lugar.

Limpe as paredes a cada 15 dias com vassoura ou aspirador de pó. Amarre uma camiseta na vassoura ou aspirador para evitar marcas de cerda. Algumas marcas sairão com uma boa borracha de apagar. Você também pode fazer uma bola de pão preto e esfregar na parede.

Se as duas opções não funcionarem, tente com uma solução bem diluída de sabão saponáceo em pó aplicada com pano macio. Torça bem o pano antes de aplicar.

Para limpar sujeira acumulada nos interruptores, espalhe um pouquinho de água e vinagre com esponja. Para evitar que escorra, comece a limpar pela parte de baixo e vá subindo, sempre secando. Para evitar teias de aranha, coloque uma gota de óleo de limão na escova que usa para limpar teias. Aranhas não gostam de limão.

PROBLEMA	Marcas de giz de cera na parede.
O QUE USAR	Algodão, fluido de limpeza a seco, escova macia e pano limpo.
COMO FAZER	Umedeça uma bola de algodão com fluido de limpeza a seco e esfregue sobre a marca. Escove com cuidado com escova macia. Limpe com pano limpo. Sempre limpe de fora para dentro da marca.

PROBLEMA	Bolor na parede.
O QUE USAR	Óleo de cravo, balde, pano macio ou esponja.
COMO FAZER	Coloque 4 ou 5 gotas de óleo de cravo em meio balde de água. Esfregue na parede embolorada com pano macio ou esponja. Talvez não saia tudo na hora, mas o óleo de cravo continuará a matar o bolor. Tire o pó algum tempo depois.

PROBLEMA	Fita dupla face na parede.
O QUE USAR	Detergente, tecido limpo e filme plástico; ou secador de cabelo, pano, fluido de limpeza a seco e algodão.
COMO FAZER	Coloque um pouco de detergente em água fervendo, molhe um tecido nele, torça e coloque em cima da fita. Coloque filme plástico por cima do tecido e deixe até que o calor penetre na cola. Quando estiver pronto, você conseguirá tirar a fita com os dedos. Nunca use faca, para não estragar a pintura.

Alternativa: esquente o adesivo com secador de cabelo, esfregue um pedaço de pano em cima e tire a fita. Tire a cola que ficar com algodão e fluido de limpeza a seco. |

PAPEL DE PAREDE

Você pode perder um sanduíche no almoço por causa disso. Um ótimo jeito de limpar papel de parede é esfregar nele uma fatia de pão fresco. O tipo de pão a ser usado depende da cor do papel de parede. Pão preto é mais abrasivo, mas pode transferir cor.

PERGUNTA — *Tenho três filhos menores de 10 anos e, um dia, eles decidiram emplastar o papel de parede com pasta de amendoim, geleia e margarina – diz Jane. – É um desastre!*

PROBLEMA Pasta de amendoim, geleia e margarina no papel de parede.
O QUE USAR Detergente, papel toalha e pano úmido.
COMO FAZER Não use água. Coloque detergente em papel toalha e esfregue no papel de parede. O detergente quebrará a gordura dos alimentos. Você terá que repetir várias vezes. Depois, esfregue com pano úmido.

FOTOS, QUADROS E ESPELHOS

Cuide dos seus quadros. Já pensou se aquele que você herdou do seu tio vale uma fortuna? Mesmo se você não tiver um tesouro escondido, deve cuidar deles.

Pode limpar as pinturas em acrílico com pano úmido.

Para remover resíduo ou poeira de pinturas a óleo, limpe com urina de cavalo, sal e batata. Sim, você leu urina de cavalo!

Colete 1 litro de urina de égua e deixe ao sol por 1 semana. O volume reduzirá para ½ litro. Então adicione 1 colher de sopa de sal e 2 colheres de sopa de batata crua ralada. Deixe a mistura descansar por meia hora. Umedeça um pano na mistura, torça-o e esfregue sobre a pintura. Umedeça um pano limpo com água e esfregue a pintura suavemente. Seque encostando levemente um pano seco na superfície. Você também pode limpar esfregando pão preto sobre a pintura. Se acontecer qualquer problema sério devido à limpeza, leve a um restaurador.

Somente um profissional pode limpar quadros de tinta à base de água.

Jamais use produtos à base de álcool, como álcool mentolado ou aguarrás, em molduras douradas. Geralmente o dourado das molduras é uma camada de verniz, e produtos à base de álcool podem comprometer o verniz. Portanto, tire o pó da moldura com secador de cabelo na temperatura fria. Isso deverá bastar para a limpeza, mas, se sobrar algum pó, esfregue pano úmido e seque com pano macio.

Limpe vidro com pano e álcool mentolado. Mas cuidado com o álcool nos cantos do vidro, pois pode penetrar na pintura. Limpe policarbonato com pano úmido; metal e madeira do mesmo jeito que limpa a mobília; e plástico com glicerina.

Para proteger os quadros, espirre inseticida num pano e esfregue-o na parte de trás da moldura. Não toque na pintura, só na moldura.

Use álcool mentolado para limpar espelhos, mas cuidado com os cantos, principalmente se a moldura for dourada. Em vez de comprar um espelho novo, que pode ser bem caro, procure uma moldura antiga, usada e leve a um vidraceiro, que colocará um espelho novo e custará bem mais barato.

JANELAS

A melhor forma de limpar janelas de vidro é com álcool mentolado e água no borrifador. Espirre a solução na janela e dê polimento ao vidro com papel toalha. Sempre limpe a janela com movimentos verticais do lado de fora e horizontais do lado de dentro. Assim você saberá de que lado está a sujeira.

Os movimentos verticais devem ser feitos do lado de fora porque é o sentido em que a chuva cai e, se limpar de outro jeito, acumulará umidade e poeira, que formarão linhas de sujeira. Limpar no sentido vertical faz a sujeira escorrer, deixando a janela com aspecto limpo por mais tempo.

Não use jornal para limpar janelas. Funcionava bem antigamente, mas os jornais de hoje usam tinta à base de borracha, que suja. Use papel toalha.

CAIXILHO E PEITORIL DA JANELA

Toda vez que aspirar o chão, aspire os peitoris das janelas. Depois esfregue a mistura de 1 xícara de vinagre em um balde de água. Para manter a massa de vidraceiro bem conservada, esfregue pequena quantidade de óleo de linhaça 2 vezes por ano, se a massa não for pintada. Se for, veja se a pintura chega até o vidro, senão a massa pode sujá-lo de óleo.

Para ajudar a evitar que as borrachas estraguem, esfregue-as com vinagre e água. Limpe silicone com água e jamais remexa nele, porque se violar a impermeabilização ele fica exposto e pode criar bolor.

Para limpar peitoril de mármore, use bicarbonato, 1 parte de vinagre e 5 partes de água. Dê polimento com cera. Para inibir bolor, adicione 1 gota de óleo de cravo para ½ xícara de cera.

Se o peitoril for de arenito, limpe com bicarbonato e vinagre. Para inibir bolor, adicione óleo de cravo na água quente para enxaguar.

Limpe peitoril de madeira pintada com vinagre e água. Se for envernizado, limpe com polidor de mobília sem silicone e de boa qualidade. Caso seja de cedro não envernizado, esfregue com óleo de móveis de boa qualidade, para proteger a madeira. Se estiver acinzentada, esfregue com saquinho de chá ainda úmido e deixe secar antes de passar o óleo.

Esfregue sabonete no caixilho para a janela correr mais suavemente.

CORTINAS

Quem mora numa rua movimentada precisa limpar a cortina com mais frequência do que quem mora num lugar tranquilo. Lave as cortinas à mão ou a seco, conforme instruções. Depois de lavar cortinas coloridas, pendure-as de cabeça para baixo para a cor não escorrer. Seque na sombra para não desbotar.

Para limpar cortinas de chita ou cretone, coloque 1 xícara de farelo de cereais numa panela com 1 litro de água e deixe ferver devagar. Deixe levantar fervura por alguns minutos e coe. Junte o líquido coado com a mesma quantidade de água morna. Mergulhe as cortinas ali e depois as pendure esticadas. Isso limpa e firma o tecido.

Se precisar fazer o brilho voltar à chita ou ao cretone, use uma combinação de 1 parte de glicerina, 1 parte de clara de ovo e 20 partes de água num borrifador. Espirre a mistura na parte da frente do tecido e passe a ferro. Não faça isso em musselina, malha, nem renda fina.

Limpe cortinas de veludo com farelo de cereais dentro de um saquinho de musselina ou de seda. Esfregue o saquinho no veludo.

Sempre passe cortinas de cima para baixo. Isso deixará as pontas de cima retas e a cortina ficará melhor quando pendurada. Se não quiser passar as cortinas, pendure-as no lugar ainda levemente úmidas e deixe-as secar com o vento. Antes, veja se as janelas estão limpas ou suas cortinas sujarão novamente.

PROBLEMA Cortina de nylon amarelada.
O QUE USAR Sabão em pó e álcool mentolado.
COMO FAZER Lave as cortinas na lavadora com sabão em pó e adicione ½ xícara de álcool mentolado no ciclo de enxágue. Pendure-as no varal até ficarem quase secas e depois no lugar onde costumam ficar, ainda úmidas. Jamais coloque nylon na secadora.

PERGUNTA – Meu gato sujou minha cortina nova – conta Chris. – Está com um cheiro horrível e ficou uma leve mancha.

PROBLEMA Sujeira de gato na cortina.
O QUE USAR Alvejante em pó, óleo de lavanda, borrifador e flocos de cânfora.
COMO FAZER Para remover a mancha, lave as cortinas em um balde com alvejante em pó (siga as instruções relativas à quantidade) e água. Adicione algumas gotas de óleo de lavanda na água para se livrar do cheiro. Enxágue e pendure no varal.

Se o cheiro não sair, coloque duas gotas de óleo de lavanda e água num borrifador e espirre sobre a área atingida. Deixe alguns flocos de cânfora perto da cortina para afastar o gato.

PERSIANAS

Não jogue seus pegadores de alimentos velhos no lixo. Você pode reciclá-los e fazer limpadores de persiana com eles. Cole esponja nos lados de dentro do pegador e deixe secar. Limpe os lados de dentro e de fora da persiana ao mesmo tempo usando o pegador. As esponjas podem ser secas ou molhadas.

Para limpar os cordões, use uma mistura de água e vinagre e aplique com esponja. Comece a limpar pela parte de cima para o líquido penetrar no cordão. Na segunda vez em que fizer isso, aperte o cordão para tirar a mistura. Talvez seja preciso repetir algumas vezes para tirar toda a sujeira.

Para limpá-las completamente, tire-as do lugar e leve-as para fora da casa. Encha um balde com uma solução fraca de detergente e, com vassoura, lave-as abertas e fechadas dos dois lados. Pendure no varal e enxágue com mangueira. Deixe secar naturalmente.

PERSIANA DE MADEIRA E VENEZIANA

Limpe persianas de madeira e venezianas da mesma forma que as persianas – com os pegadores velhos! Uma alternativa é vestir luvas brancas e limpar segurando as lâminas dos dois lados e escorregando os dedos. O único problema é que seus dedos podem começar a doer se tiver que limpar muitas venezianas.

PERSIANA DE TECIDO

O mecanismo de suspensão desse tipo de persiana é complicado e delicado, então leve para lavar num profissional.

PERGUNTA – *Tinha um enxame de abelhas na minha casa – conta Sally. – As abelhas derramaram todo o néctar na minha persiana de tecido. Como posso limpar?*

PROBLEMA Néctar de abelha na persiana.
O QUE USAR Alvejante em pó com oxigênio, recipiente e pano.
COMO FAZER Num recipiente, misture água e alvejante em pó com oxigênio, umedeça um pano na mistura, torça-o e limpe as manchas de néctar. Deixe secar naturalmente.

PROBLEMA Sujeira de insetos na persiana.
O QUE USAR Balde, detergente e pano.
COMO FAZER Encha o balde com água e despeje detergente suficiente para fazer espuma. Aplique a espuma nas manchas com pano úmido.

QUEBRA-GALHO

PROBLEMA   Respingos de alimentos na persiana.
O QUE USAR   Balde, detergente e pano.
COMO FAZER   Encha o balde com água e despeje detergente suficiente para fazer espuma. Aplique a espuma nas manchas com pano úmido.

TETO

Morei numa casa onde tinha tanta goteira que parecia que o teto tinha nuvens. Ficou desse jeito porque duas telhas estavam soltas e penetrou água. Mas o teto era tão bonito que decidi salvá-lo.

Depois de pesquisar, descobri que sacos de estopa resolveriam. Mergulhe os sacos em resina. Entre no forro e coloque os sacos sobre as vigas de madeira, apoiando o meio do saco nelas e deixando as pontas encostadas no reboco.

A resina dos sacos gruda no reboco do teto e quando seca absorve a umidade e endurece. É muito mais barato do que colocar um teto novo!

Para proteger a fiação do forro, passe creosoto. Ratos gostam de roer fios e isso os afastará.

PERGUNTA   – Não suporto cheiro de naftalina – conta Rebecca. – Espalhei um pouco pela casa por causa de um rato. Como posso me livrar do cheiro?

PROBLEMA   Cheiro de naftalina.
O QUE USAR   Tomilho-limão.
COMO FAZER   Salpique tomilho-limão onde tinha naftalina. A melhor maneira de afastar ratos é com fezes de cobra, como explicado abaixo.

LIVRE-SE DOS RATOS

Quando morei no campo, alguns ratos vieram morar conosco. Depois, percebi que eles tinham sumido. Passados alguns meses, vi uma cobra enorme descendo do telhado, felizmente do lado de fora da casa! O comprimento dela era da altura da casa. Então, os ratos voltaram.

Comentei com um vizinho, que me disse que cobras mantêm longe os ratos. Então a solução para eles é ter uma cobra em casa ou, melhor ainda, espalhar um pouco de fezes de cobra dentro do forro ou embaixo da casa. As fezes são grânulos pequenos, não têm cheiro e duram mais ou menos 1 ano. Peça um pouco no zoológico ou loja de animais exóticos.

QUARTOS

Passamos um terço da vida no quarto. Claro que a maior parte desse tempo gastamos dormindo, mas quando estamos acordados é o nosso cômodo. É um santuário.

Como fazer sua cama se transformar num convite para o descanso? E o que fazer se o café da manhã na cama vira café da manhã na cama inteira? Continue a ler e tudo será revelado.

O quarto também é onde guardamos as roupas. Cuide bem delas agora para poder usá-las anos depois, quando estiverem na moda de novo.

Nunca pinte as unhas do pé na cama: história da Sue

INCIDENTE — Foi um episódio muito imbecil! Eu estava pintando as unhas do pé na cama e derrubei esmalte no lençol. E claro que era o vermelho mais intenso que já se viu. E é meu lençol preferido, de adorável algodão egípcio. Tem alguma coisa que eu possa fazer?

SOLUÇÃO — Coloque uma bola de algodão por baixo da mancha e outra, molhada com solução de acetona, em cima da mancha e esfregue em movimentos circulares. Use o algodão seco de baixo como apoio. Limpe de fora para dentro da mancha. Faça isso até remover toda a cor, sempre trocando o algodão. Dependendo do esmalte, será preciso repetir a operação até mais de cinco vezes.

CAMA

A importância de um colchão limpo e confortável torna-se bem evidente quando não se tem um. Pergunte a um mochileiro, em especial um que estiver se coçando de picadas de inseto. Costumo deixar ventilar, virar e aspirar meu colchão sempre. Se possível, deixe o seu arejar todo dia por uns 15 minutos antes de arrumar a cama. E habitue-se a virar o colchão (trocar de lado e inverter os pés e a cabeça) toda semana, se possível. Pode parecer exagero, mas mantém o colchão plano e ele não afunda.

Para lembrar para que posição deve virar, coloque uma marca de cada cor em cada canto. Também recomendo salpicar bicarbonato uma vez por mês. Deixe por duas horas e aspire.

Acessório indispensável para toda cama é o protetor de colchão. É uma excelente barreira lavável que fica entre você e ele e permite que o ar circule. Lave de acordo com as instruções a cada três trocas de lençol. Se tiver cabeceira, aspire-a toda semana.

Se espirrar alguma coisa no colchão, molhe o menos possível para limpar. O melhor é aplicar pequena quantidade de solvente algumas vezes, em vez de usar grande quantidade de uma vez. Seque com secador de cabelo para acelerar.

COMO MATAR OS ÁCAROS

Sofro de asma e uso isso para matar os ácaros. Coloque um saquinho de chá num borrifador cheio de água fria, deixe agir por três minutos e espirre levemente o líquido no colchão. O tanino do chá mata os ácaros.

E não importa quão limpa você seja, pode ter ácaro na sua cama, pois eles vivem nos mesmos lugares que as pessoas.

Afaste-os com óleo de melaleuca. Pegue um pouco nos dedos e esfregue nos cantos do colchão. Espirre inseticida nos cantos e extremidades da cama, mas não em cima do colchão, nem antes de dormir.

PERGUNTA — *Nos fins de semana, gosto de tomar chá na cama – confessa Leanne. – Mas um dia deixei a xícara cair e agora tem chá no colchão inteiro. O que posso fazer?*

PROBLEMA Mancha de chá no colchão.
O QUE USAR Glicerina, algodão, detergente, pano e secador de cabelo.
COMO FAZER Aplique algodão com glicerina. Use quantidade suficiente para umedecer, mas não molhar o colchão. Deixe entre 10 e 15 minutos e depois lave com pano úmido e um pouco de detergente. Deixe secar ou seque com secador de cabelo. Jamais coloque uma xícara de chá na mão de uma pessoa sonolenta na cama, para não correr o risco de derrubar no colchão. Aconteceu comigo!

PROBLEMA Mancha de café no colchão.
O QUE USAR Glicerina, algodão, detergente, pano e secador de cabelo.
COMO FAZER Aplique algodão com glicerina. Use quantidade suficiente para umedecer, mas não molhar o colchão. Deixe entre 10 e 15 minutos e depois lave com pano úmido e um pouco de detergente. Deixe secar ou seque com secador de cabelo.

PROBLEMA Mancha de sangue recente no colchão.
O QUE USAR Sabonete e pano.
COMO FAZER Umedeça o sabonete com água fria e esfregue na mancha, limpando de fora para dentro. Enxágue várias vezes com pano com água fria torcido. Deixe secar e repita se necessário.

PROBLEMA Mancha antiga de sangue no colchão.
O QUE USAR Amido de milho, pano e escova dura.
COMO FAZER Faça uma pasta de amido de milho e água até obter a consistência de creme grosso. Passe na mancha com pano e deixe secar. Escove a mistura seca para limpar. Talvez precise repetir algumas vezes.

PERGUNTA *– Escrevo muito na cama – diz David. – E foi um desastre quando minha caneta estourou e espalhou tinta para todo lado, inclusive no colchão. O que devo fazer?*

PROBLEMA Mancha de tinta de caneta no colchão.
O QUE USAR Leite, detergente e pano; ou fluido de limpeza a seco, algodão, detergente, esponja, papel toalha, secador de cabelo, talco e aspirador de pó.
COMO FAZER Deixe um pouco de leite estragar ao sol (o tempo para isso acontecer varia). Coloque as partes sólidas do leite estragado sobre a mancha e, com a mão, esfregue levemente em círculos.

Conforme secar, você verá a tinta passando para os pedaços de leite. Remova o leite com pano e espuma de detergente, usando a menor quantidade de água possível.

Uma alternativa para o leite estragado é usar algodão e fluido de limpeza a seco. Para remover o fluido, aplique esponja úmida com sabão várias vezes, até sair todo o cheiro. Use papel toalha para secar o quanto puder e coloque o colchão para secar ao sol. Se não puder secar ao sol, use secador de cabelo. Se ainda ficar cheiro, cubra com talco e deixe-o absorver o cheiro. Aspire.

PROBLEMA Mancha de sêmen no colchão.
O QUE USAR Sabonete, pano e gelo.
COMO FAZER Umedeça o sabonete com água fria e esfregue na mancha. Deixe 2 minutos e esfregue pano úmido para limpar. Deixe secar. Para manchas antigas, aplique gelo antes.

PERGUNTA *– Meu filho faz xixi na cama – conta Jane. – O colchão dele está manchado de urina. O que você sugere?*

PROBLEMA Mancha de urina no colchão.
O QUE USAR Detergente, pano, secador de cabelo, suco de limão ou vinagre branco e pano.
COMO FAZER Coloque um pouco de detergente na água para fazer espuma. Esfregue a espuma na mancha com pano e, se possível, coloque o colchão ao sol. Se não puder, seque o máximo possível com papel toalha e depois com secador de cabelo. Neutralize o cheiro espalhando suco de limão ou vinagre branco com pano úmido.

PROBLEMA Mancha recente de vinho tinto no colchão.
O QUE USAR Escova de dente velha, vinagre e papel toalha.
COMO FAZER Mergulhe uma escova de dente velha no vinagre e esfregue sobre a mancha. Seque com papel toalha. Repita até limpar. Seque completamente.

PROBLEMA Mancha antiga de vinho tinto no colchão.
O QUE USAR Glicerina, algodão, bicarbonato, escova macia, detergente, esponja com sabão, papel toalha, secador de cabelo e aspirador de pó.
COMO FAZER Amoleça a mancha com algodão com glicerina até que a borda fique mais clara. Faça uma pasta com 1 colher de sobremesa de bicarbonato e 2 colheres de sobremesa de vinagre e esfregue na mancha.

Espere parar de efervescer e esfregue com escova macia para limpar. Não mexa mais até a mancha começar a sumir. Então esfregue novamente, desta vez com esponja úmida com sabão. Seque com papel toalha e depois com secador de cabelo. Aspire.

PERGUNTA — *Guardamos um colchonete num trailer por 6 meses* – conta Jane. – *O cheiro está fortíssimo. O que você sugere?*

PROBLEMA Colchão com cheiro forte.

O QUE USAR Umedecedor de ambiente, óleo de lavanda, bicarbonato e aspirador de pó.

COMO FAZER Adicione à água do umedecedor de ambientes 2 gotas de óleo de lavanda e aplique o vapor no colchão inteiro. O aparelho funciona mais ou menos como o inverso do aspirador de pó. Coloque o colchão ao sol.

Se possível, coloque-o em cima do varal para o ar circular em volta dele. Se não puder colocar ao sol, jogue bicarbonato sobre ele, deixe secar completamente e depois aspire. Faça dos dois lados. Aperte o colchão para sentir o cheiro do ar que sai dele. Se ainda estiver ruim, faça tudo de novo!

CUIDADOS PARA COLCHÃO DE ÁGUA

Sei tudo sobre colchões de água porque tenho um. São bons, principalmente para quem tem artrite, porque não tem pontos de pressão nas juntas.

Eu limpo o meu com a técnica "333". A cada 3 meses, adicione na água do colchão o produto químico próprio. A cada 3 meses, tire a capa e lave da mesma forma que você lava o edredom. A cada 3 meses, esfregue dentro e fora da bolsa e embaixo do plástico reservatório. Seque a área completamente com toalha antes de colocar na cama.

O nível da água é crucial. Para descobrir o nível certo, deite na cama com seu parceiro(a). Se os dois rolarem para o centro, precisa colocar mais água. Se os dois rolarem para fora, precisa tirar água. Use água morna, em vez de fria.

Se tiver algum furo na câmara, chame um profissional. Descobri que o preço para consertar ou trocar a câmara é bastante razoável, e tentar fazer sozinho é arriscado. Se não conseguir consertar direito, vai tomar um belo susto no meio da noite, e o dia seguinte será um desastre quando você tiver que secar tudo. Tem muita água num colchão de água!

QUEBRA-GALHO

LENÇOL

Não há nada melhor do que deitar numa cama com lençóis limpos. Escolha os de fibra natural, como algodão, seda ou linho. Odeio os de cetim de poliéster. Podem ser bonitos, mas são frios no inverno e no verão parecem saco plástico!

Lave-os uma vez por semana com sabão de boa qualidade. Se possível seque-os ao sol porque é um excelente antibacteriano e deixa um cheiro gostoso. Gosto que fiquem engomados. Você pode fazer sua goma com arroz. Pegue a água do arroz depois que ferver e coloque-a na água do enxágue da lavadora. Os lençóis ficarão bem brancos e firmes e o pó de arroz ajuda a evitar o suor.

Se estiver com respingos, descubra o que tem nas manchas e use o solvente apropriado, lembrando que as manchas de proteína têm que ser removidas com água fria antes das manchas de gordura com água quente. Se fizer o processo invertido, a mancha de proteína se fixará no tecido.

PROBLEMA Mancha de chá no lençol.
O QUE USAR Glicerina e algodão; ou glicerina, algodão e fluido de limpeza a seco.
COMO FAZER Para manchas recentes, esfregue glicerina com algodão. Coloque na lavadora no ciclo frio. Em manchas antigas, aplique glicerina com algodão, esfregue fluido de limpeza a seco com algodão e deixe por 10 ou 15 minutos. Coloque na lavadora no ciclo frio.

PERGUNTA *– Geralmente durmo de maquiagem – admite Kristie. – E durante a noite a maquiagem é transferida para o lençol. Qual a melhor maneira de tirar?*

PROBLEMA Mancha de batom/maquiagem gordurosa no lençol.
O QUE USAR Algodão e álcool mentolado; ou fluido de limpeza a seco e algodão.
COMO FAZER Segure uma bola de algodão por baixo da mancha, umedeça outra bola com álcool mentolado e esfregue em movimentos circulares sobre a mancha, de fora para dentro. Troque o algodão conforme sujar até limpar toda a mancha. Se o

batom for escuro, use fluido de limpeza a seco da mesma maneira. Lave na lavadora.

PROBLEMA	Mancha de suco de fruta no lençol.
O QUE USAR	Alvejante em pó.
COMO FAZER	Lave na lavadora e pendure ao sol. Se não puder secar ao sol, mergulhe-o em alvejante em pó antes de colocar na secadora de roupas.

PROBLEMA	Mancha de vela no lençol.
O QUE USAR	Gelo, faca ou tesoura sem corte, fluido de limpeza a seco, algodão, papel toalha e ferro de passar.
COMO FAZER	Coloque gelo na cera e remova o máximo possível com faca ou tesoura sem corte. Cuidado para não estragar o tecido! Aplique fluido de limpeza a seco com algodão nos dois lados do lençol, em movimentos circulares.

Se ficar alguma marca, coloque várias folhas de papel toalha na tábua de passar, coloque o lençol na tábua e mais papel toalha por cima e passe o ferro sobre o local. Troque sempre o papel toalha até remover toda a cera.

PERGUNTA	*– Cortei o joelho, o sangue vazou pelo curativo e passou para o lençol – revela Jéssica. – Lavei com água quente e a mancha endureceu. Tem conserto?*

PROBLEMA	Mancha de sangue no lençol.
O QUE USAR	Sabonete; ou alvejante em pó; ou glicerina e algodão.
COMO FAZER	Umedeça o sabonete com água fria e esfregue na mancha. Esfregue o tecido com as mãos vigorosamente até remover a mancha. Talvez, seja preciso repetir algumas vezes. Coloque o lençol na lavadora no ciclo frio.

Uma alternativa é molhar a mancha com alvejante em pó. Se a mancha endureceu, aplique glicerina com algodão nos dois lados do tecido. Esfregue em círculos de fora para dentro até começar a clarear na borda, depois lave com alvejante em pó e água fria.

PROBLEMA Mancha de sêmen no lençol.
O QUE USAR Sabonete.
COMO FAZER Umedeça o sabonete em água fria e esfregue na mancha. Esfregue o tecido com as mãos vigorosamente até remover a mancha. Coloque o lençol na lavadora no ciclo frio.

PROBLEMA Mancha de gema de ovo no lençol.
O QUE USAR Sabonete e água fria.
COMO FAZER Umedeça o sabonete em água fria e esfregue na mancha. Coloque na lavadora para lavar com água morna para remover a gordura.

PROBLEMA Mancha de chocolate no lençol.
O QUE USAR Sabonete; ou fluido de limpeza a seco e algodão.
COMO FAZER Umedeça o sabonete com água fria e esfregue na mancha antes de mergulhar o lençol em água fria. Lave o lençol na lavadora no ciclo morno ou quente.

    Se o lençol for se cetim de poliéster, use fluido de limpeza a seco e algodão em cima da mancha e outra bola de algodão seco por baixo do tecido para apoiar. Esfregue em movimentos circulares, de fora para dentro. Lave normalmente.

PROBLEMA Mancha de tinta de caneta no lençol.
O QUE USAR Leite; ou fluido de limpeza a seco e algodão.
COMO FAZER Azede um pouco de leite ao sol (o tempo para isso acontecer varia). Coloque a parte sólida do leite estragado sobre a mancha e junte com as mãos. Deixe até a tinta passar para o leite. Lave a sujeira na lavadora no ciclo morno.

    Como alternativa, aplique fluido de limpeza a seco com algodão em movimentos circulares, de fora para dentro da mancha. Tire a tinta que se soltar antes de colocar na lavadora no ciclo morno.

PROBLEMA Mancha de vômito no lençol.
O QUE USAR Alvejante em pó.
COMO FAZER Enxágue o sólido com água, coloque na lavadora e seque ao

sol. Se não puder deixar ao sol, molhe com alvejante em pó antes de colocar na lavadora. Coloque na secadora de roupas. Sempre lave o vômito o mais rápido possível para não embolorar e manchar.

COMO DEIXAR O QUARTO À PROVA DE SOM

Já morei em lugares bem barulhentos. Perto de linhas de trem, em rota de aviões, em avenidas movimentadas – até em cima de casa de massagem!

Você pode reduzir o som reduzindo as áreas de vibração sonora. Coloque móveis, como guarda-roupas, encostados na parede para abafar o som. Para minimizar o som, use cortinas pesadas, ou com várias camadas de tecidos finos, ou franzidas. Itens peludos ajudam.

Se o barulho vier de baixo, não encoste a cama na parede e coloque quadrados de espuma emborrachada de alta densidade embaixo dos pés da cama. Tapetes também ajudam.

Se o barulho vier de cima, pendure mosquiteiro ou tecido no teto ou coloque tapeçaria nas paredes. Coloque feltro atrás de quadros e espelhos para evitar vibração.

TRAVESSEIRO

Gosto de travesseiro de todas as formas, tamanhos e densidades. Podem ser de espuma, pena, fibra ou paina. Use protetor de travesseiro e fronha e lave os dois toda semana. Você deve usar o protetor para evitar que o travesseiro fique menor e para diminuir a frequência de lavagem dele.

Lave os travesseiros com sabão especial para lã ou roupas delicadas do mesmo jeito do edredom, descrito a seguir. Coloque para secar num lugar alto para a água pingar. O ideal é em cima do varal. Vire sempre o travesseiro enquanto estiver secando, mas não o aperte molhado. Quando parecer seco, deixe mais uma hora para ter certeza de que o meio secou completamente.

EDREDOM

Podem ser de pena de ganso, lã ou sintéticos. Lave-o duas vezes por ano ou mais, se suar muito. É hora de lavar quando as fibras estão amontoadas ou inchadas ou quando o edredom está com cheiro. Alguns edredons podem ser lavados na lavadora. Siga as instruções da etiqueta. Outros, independentemente do enchimento, devem ser lavados na banheira ou num tanque grande.

Encha a banheira com água na temperatura sanguínea e coloque meia tampa de sabão especial para lã ou roupas delicadas para lavar edredom de casal. Coloque o edredom na banheira e entre junto. Pise firme nele até tirar toda a sujeira e gordura. Esvazie a banheira, encha de novo somente com água na temperatura sanguínea e pise nele novamente. Esvazie e encha novamente só com água na mesma temperatura e deixe a água encharcar o edredom desta vez.

Depois de enxaguar, deixe a água escorrer e ande em cima do edredom para tirar a maior quantidade possível de umidade. Coloque-o num saco de lixo grande, em vez de colocar num cesto, para não deixar pingar água pelo chão. Leve para fora e coloque-o em cima de um lençol esticado. Se não tiver gramado em casa, pendure-o esticado no varal. Deixe-o secar bastante tempo, sacuda e vire. Será preciso fazer isso uma três vezes até ficar quase seco.

Pendure o edredom usando vários pregadores de roupa para não criar pontos de pressão. Se não tiver costuras, não dobre o edredom no varal. Coloque pregadores só nas pontas para que fique na forma de U. Assim o ar pode circular.

Quando estiver quase completamente seco, bata nele com a mão ou com uma raquete de tênis velha. Isso faz as fibras ficarem fofas, e as penas, soltas. Guarde o edredom na embalagem dele para proteger de respingos e de gordura.

Se você não puder lavar o edredom, pelo menos pendure ao sol para os raios UV matarem as bactérias.

COBERTOR

Coloque os cobertores para arejar regularmente, de preferência uma vez por semana, e se possível numa área externa. Cobertores de lã devem ser lavados a cada 4 ou 6 meses com xampu e condicionador, quanto mais baratos melhor, por conterem menos perfume.

Para lavar cobertor de solteiro, use 3 colheres de sobremesa de xampu com água morna na temperatura sanguínea, enxágue, depois use 3 colheres de sobremesa de condicionador com água na mesma temperatura. Use o dobro da quantidade para cobertor de casal. Depois de enxaguar, deixe secar ao sol da manhã ou meia sombra. Não seque ao sol da tarde ou o cobertor ficará duro.

Só lave na lavadora se as instruções da etiqueta permitirem. Se lavar na lavadora, adicione 1 ou 1,5 tampa de sabão especial para lã ou roupas delicadas, se for cobertor de casal. Se lavar na banheira, use 2 tampas de sabão especial para lã ou roupas delicadas ou xampu. Não deixe de molho. Só lave em água morna na temperatura sanguínea, enxágue com água na mesma temperatura e pendure para secar. Se agitar demais o cobertor de lã, ele encolherá e você terá um acolchoado de feltro em vez de um cobertor macio.

Pode lavar os cobertores de algodão na lavadora da mesma forma que lava os lençóis. Cobertor de imitação de pele pode ser lavado à mão com sabão especial para lã ou roupas delicadas ou xampu e água morna na temperatura sanguínea ou a seco. Escove-o com escova de cabelo enquanto seca.

Jamais coloque pele de carneiro na lavadora, nem agite. Em vez disso, lave com sabão especial para lã ou roupas delicadas ou xampu numa banheira, pia ou balde. Coloque para secar bem esticado. Quando estiver quase seco, escove com escova de cabelo em todas as direções.

Antes de limpar um cobertor elétrico, leia as instruções. Se não tiver instruções, leve a uma boa lavanderia para lavar a seco.

Se tiver espaço, guarde os cobertores em caixas ou, melhor ainda, em caixa de madeira canforada para afastar insetos. Do contrário, guarde-os no armário, mas proteja-os com cânfora enrolada num lenço ou saco plástico. Faça pequenos furos no plástico e coloque no meio do cobertor. Isso afastará os insetos e outros seres microscópicos e não manchará o cobertor. Guarde edredons da mesma forma.

CÔMODA E GUARDA-ROUPA

Existem variedades de gavetas e guarda-roupas. Podem ser embutidos ou não, novos ou velhos. Limpe os com acabamento de goma-laca, polimento francês ou verniz uma vez por mês com polidor de mobília de boa qualidade que não contenha glicerina. Coloque pequena quantidade do produto num pano, esfregue na peça, depois esfregue para limpar com o outro lado do pano. Um bom polidor de móveis deverá tirar a maioria dos pequenos arranhões.

Limpe as peças com acabamento laminado ou de poliuretano com pano úmido. Se estiverem muito sujos, use bicarbonato e vinagre. Não deixe peças de poliuretano perto de janelas, pois os raios UV do sol deixam o móvel amarelado.

Para limpar a parte de dentro das gavetas, tire as roupas de dentro e aspire. Se estiver muito suja, use esponja com bicarbonato e vinagre. Para afastar seres microscópicos, coloque óleo de lavanda ou de melaleuca num pano e esfregue dentro da gaveta ou do armário. Deixar um sabonete dentro da gaveta afasta insetos e deixa suas roupas perfumadas.

Se você se maquia numa penteadeira de madeira, coloque a maquiagem em cima de um espelho ou vidro para proteger a madeira. O espelho é melhor, pois reflete luz e você fará a maquiagem com perfeição. Também coloco espuma dentro das gavetas da penteadeira para não quebrar maquiagem ou jóias se elas caírem lá dentro.

PROBLEMA	Gavetas emperradas.
O QUE USAR	Sabão ou vela; ou saponáceo em pasta e esponja.
COMO FAZER	Tire a gaveta do lugar. Se as corrediças forem de madeira, esfregue sabonete. Também pode passar vela. Se forem de plástico, dê polimento com esponja com saponáceo em pasta.

Se não funcionar, talvez a cômoda esteja desnivelada. Para comprovar isso, use um nivelador na vertical e na horizontal. Se realmente estiver desnivelada, coloque papelão ou um pedaço pequeno de madeira embaixo de um dos pés do móvel para nivelar. O problema também pode ser o fundo da gaveta. Talvez seja preciso consertar ou trocar, se estiver deformado.

Muitos móveis são feitos com fundo barato, que se estiver deformado tira o alinhamento da gaveta. Basta olhar atrás do móvel para ver isso. Você pode trocar o fundo ou pedir para um profissional fazer isso.

Verifique também se as junções da gaveta estão bem presas. Se pintar as gavetas, não pinte a lateral interna, para a gaveta não grudar.

PERGUNTA — *Como limpar cera de abelha do guarda-roupa? – Bill pergunta.*

PROBLEMA Cera de abelha no guarda-roupa.
O QUE USAR Aguarrás mineral, água e pano.
COMO FAZER Misture 1 parte de aguarrás mineral com 1 parte de água e esfregue a mistura na cera de abelha com um pano.

PERGUNTA — *Minha cômoda de ferro fundido enferrujou – conta David. – Tem conserto?*

PROBLEMA Ferrugem em cômoda de ferro fundido.
O QUE USAR Luvas de borracha, zarcão, rolo, álcool mentolado e pano.
COMO FAZER Não comece raspando a ferrugem ou não sobrará nada para o zarcão. Vista as luvas e aplique o zarcão com escova, trapo, esponja, pincel ou rolo. Espalhe-os aos poucos. Você saberá se passou produto demais se acumular um pó branco. Se isso acontecer, limpe com pano com álcool mentolado.

COMO PENDURAR ROUPAS NO GUARDA-ROUPA

A maioria das pessoas tem um sistema de classificação para guardar as roupas no guarda-roupa. Mas, se você não for uma dessas pessoas e já estiver cansado de perder tempo procurando aquela camisa que tem certeza de que está lá, veja o que eu faço.

As roupas duram mais se ficarem penduradas, e não dobradas, então pendure o máximo de roupas possível. As exceções são lã e malha, que devem ser guardadas esticadas.

Use bons cabides. Os de lã são os melhores, os de plástico são bons, e os de arame precisam de cobertura de tiras de espuma ou enchimento nas pontas do cabide.

Divida seu guarda-roupa em sessões, colocando roupas similares juntas. Todas as camisas devem ficar juntas, por exemplo. Então ordene as sessões por tamanho. Coloque peças maiores num canto e menores no outro. Você ainda pode ordenar as roupas por cor. Uma sugestão é seguir as cores do arco-íris. Depois ordene por comprimento de manga e peso de tecido.

A perfeição do sistema é a seguinte: se você não achar aquela saia no guarda-roupa, sabe que ela está para lavar ou passar. Você não perde horas procurando.

PROBLEMA Traça no guarda-roupa.

O QUE USAR Cânfora, cravo, alfazema, óleo de eucalipto e saquinho de musselina.

COMO FAZER Coloque 1 bola de cânfora, 4 cravos, 1 ramo de alfazema e 2 gotas de óleo de eucalipto num saquinho de musselina. Amarre e pendure na barra do guarda-roupa. Assim, você afasta traça, traça de livro, ácaro e outros insetos e deixa as roupas com cheiro agradável. Coloque mais óleo de eucalipto e troque a alfazema a cada 2 meses. Troque o resto anualmente.

PERGUNTA – Quando as roupas ficam penduradas por um tempo, o cabide pode deixar uma marca – conta Terzine. – O que pode ser feito?

PROBLEMA Marca de cabide na roupa.

O QUE USAR Borrifador e calor corporal.

COMO FAZER Antes de vestir a peça, umedeça o local espirrando água com o borrifador. Quando vestir a roupa, o calor do seu corpo vai interagir com a água e suavizar a marca. Para evitar o problema, proteja o cabide com tiras de espuma ou com ombreiras velhas.

ROUPAS

Minha mãe tem horror a tudo o que faz coçar – e passou isso para mim. Roupas têm que ser macias ao toque e ter bom acabamento. As pontas de laço têm que ter acabamento oblíquo com tecido de algodão fino ou seda prendendo na costura. Adotei essa prática.

Claro que aparecerão respingos e manchas nas suas roupas. Comece descobrindo do que é feita a mancha. Se tiver vários componentes, comece removendo as proteínas, depois as gorduras e os produtos químicos.

PERGUNTA — *Minhas camisas sociais de algodão estão com manchas de suor que não saem – diz Steve. – Você tem alguma sugestão? Porque as camisas não são baratas!*

PROBLEMA Marcas de suor no tecido.
O QUE USAR Alvejante em pó com oxigênio.
COMO FAZER Faça uma pasta de alvejante em pó com oxigênio e água até obter a consistência de pasta de amendoim e aplique na mancha. Deixe por 15 minutos antes de lavar. Precisa ser alvejante em pó com oxigênio, e não apenas alvejante em pó.

PERGUNTA — *Meu desodorante deixou marcas brancas nas minhas camisas – diz Susie. – Parecem permanentes. Tem como tirar?*

PROBLEMA Manchas de desodorante no tecido.
O QUE USAR Alvejante em pó com oxigênio.
COMO FAZER Misture alvejante em pó com oxigênio e água até obter a consistência de pasta de amendoim. Aplique na mancha de desodorante e deixe por 15 minutos, depois lave as camisas normalmente na lavadora de roupas.

PERGUNTA — *Meu marido usou creme bronzeador e manchou o colarinho da camisa – conta Sandra. – Como posso tirar?*

PROBLEMA Creme bronzeador no tecido.
O QUE USAR Alvejante em pó com oxigênio.
COMO FAZER Faça uma pasta de alvejante em pó com oxigênio e água

até obter a consistência de pasta de amendoim e aplique na mancha. Deixe por 15 minutos para penetrar e lave normalmente na lavadora.

PERGUNTA — *Sou solteiro – diz Geoffrey. – Acidentalmente, coloquei minha blusa de tricô na lavadora e ela encolheu. Tem conserto?*

PROBLEMA Tricô encolhido.
O QUE USAR Balde, sais de Epsom, toalha e dois pentes de dentes largos.
COMO FAZER Para lavar peças de cor escura encha um balde pequeno com água na temperatura sanguínea e acrescente 2 colheres de sopa de sais de Epsom. Para peças claras, coloque 4 colheres de sopa. Coloque a peça na água e agite levemente com as mãos até molhar completamente.

Deixe de 10 a 15 minutos e enxágue completamente com água na mesma temperatura. Não deixe por mais tempo para não desbotar. Coloque para secar na sombra, esticada em cima de uma toalha. Com cuidado, estique para o tamanho original enquanto seca.

Para esticar ainda mais, use 2 pentes de dentes largos para esticar a roupa enquanto seca.

PERGUNTA — *Odeio vestir camisa nova – diz Stephen. – Existe um jeito de amaciá-las para ficarem como as camisas antigas que adoramos?*

PROBLEMA Como amaciar camisas duras ou novas.
O QUE USAR Bicarbonato, sabão em pó e vinagre.
COMO FAZER Coloque a camisa na lavadora e acrescente ½ xícara de bicarbonato no sabão em pó e ½ xícara de vinagre na água do enxágue.

PERGUNTA — *Achei um vestido de gala antigo de cetim creme todo mofado – diz Barbara. – Tem salvação?*

PROBLEMA Mofo no cetim.
O QUE USAR Secador de cabelo, escova de roupa e sal.

COMO FAZER Coloque o ar do secador sobre o cetim até que fique úmido. Isso faz o mofo se soltar e levantar. Esfregue uma escova de roupa na direção da parte úmida do cetim. Se ficar alguma marca preta, cubra com sal seco e esfregue para a frente e para trás com a escova. Depois, escove para limpar.

COMO EVITAR QUE A PELE DAS ROUPAS SE SOLTE

Coloque a roupa de pele no freezer por 20 minutos antes de vesti-la. Ou acrescente condicionador de cabelo (uma bola do tamanho de uma moeda de 25 centavos) na água do enxágue quando lavar.

PERGUNTA – Como tirar sorvete de chocolate de uma camiseta? – pergunta Maureen.

PROBLEMA Sorvete de chocolate na camiseta.
O QUE USAR Sabonete.
COMO FAZER Como o chocolate contém proteína, é preciso usar água fria. Esfregue a mancha vigorosamente com sabonete e água fria. Depois, lave normalmente.

PROBLEMA Terno com brilho.
O QUE USAR Pano, vinagre branco, papel pardo e ferro de passar.
COMO FAZER Se o terno for escuro, umedeça um pano com vinagre e esfregue sobre o tecido. Coloque papel pardo em cima do terno e passe.
Se o terno for claro, umedeça um pano em 1 parte de vinagre branco e 4 partes de água, torça o pano e coloque em cima da parte brilhante do terno. Passe com ferro a vapor.

PERGUNTA – Estávamos num evento beneficente e pingou vela na calça de veludo cotelê do meu marido – diz Kay. – Tentamos tirar com gelo, mas não funcionou.

PROBLEMA Cera no veludo cotelê.

O QUE USAR	Papel toalha, fluido de limpeza a seco e algodão.
COMO FAZER	Numa tábua de passar, coloque algumas folhas de papel toalha (uma em cima da outra) e coloque a calça. Coloque mais papel toalha por cima e passe com ferro quente. O papel absorverá a cera. Para limpar o resto da cera, esfregue com algodão com fluido de limpeza a seco.
PERGUNTA	*– Minha filha é esteticista – diz Sandra – e faz muitas depilações. Em consequência, sua calça preta de tecido sintético está com cera. Como devo tirar?*
PROBLEMA	Cera em tecido sintético.
O QUE USAR	Papel toalha e secador de cabelo.
COMO FAZER	Coloque papel toalha dos dois lados do tecido e ligue o secador de cabelo em cima do local. O papel absorverá a cera. Fique trocando o papel toalha até tirar toda a cera.
PERGUNTA	*– Minha filha de 6 anos foi com a camiseta nova, branca com desenho de joaninha, embaixo de uma árvore de noz-pecã – conta Megan – e caíram fezes de passarinho em cima dela. O que eu posso fazer?*
PROBLEMA	Fezes de passarinho no tecido.
O QUE USAR	Vinagre, glicerina, sal e alvejante em pó.
COMO FAZER	Noz-pecã contém um corante que deve ser tratado primeiro com vinagre, depois com glicerina. Molhe o tecido até que a mancha comece a sair. Esfregue com glicerina e depois com sal. Enxágue e lave com alvejante em pó.
PROBLEMA	Seiva de árvore no tecido.
O QUE USAR	Algodão e fluido de limpeza a seco.
COMO FAZER	Coloque uma bola de algodão seco embaixo da mancha e outro umedecido com fluido de limpeza a seco em cima. Esfregue com movimentos circulares, de fora para dentro da mancha. Depois, lave normalmente.

PERGUNTA — *Corto muita banana –conta Kevin – e tem seiva de banana nas minhas roupas. Como posso tirar?*

PROBLEMA   Seiva de banana no tecido.
O QUE USAR   Glicerina, algodão e fluido de limpeza a seco.
COMO FAZER   Aplique glicerina na mancha com algodão para remover o látex da seiva. Aplique fluido de limpeza a seco com outra bola de algodão para remover os óxidos. Lave normalmente.

Para limpar tecido com graxa existem dois métodos, descritos a seguir. Se o problema for recorrente, use o primeiro método.

PERGUNTA — *Trabalho na indústria de transportes – diz Tom – e minhas roupas sempre sujam com graxa. O que devo fazer?*

PROBLEMA   Graxa no tecido.
O QUE USAR   Óleo de bebê, algodão e alvejante em pó.
COMO FAZER   Óleo de bebê é um óleo mineral que quebra as moléculas da graxa. Coloque óleo de bebê numa bola de algodão e aplique sobre a graxa. Esfregue em círculos. Depois, mergulhe a peça de roupa em alvejante em pó e água quente antes de lavar.

PERGUNTA — *Minha filha ganhou uma camisola da avó – diz Patrick –, mas lavei meu caminhão e a graxa foi parar na camisola dela. Não preciso nem dizer que ela está brava comigo. Tem como limpar a camisola?*

PROBLEMA   Graxa no tecido.
O QUE USAR   Fluido de limpeza a seco, algodão e alvejante em pó com oxigênio.
COMO FAZER   É um trabalho difícil. Primeiro, esfregue as manchas com fluido de limpeza a seco num algodão. Mergulhe a camisola em alvejante em pó com oxigênio. Talvez, seja mais fácil comprar uma camisola nova.

PERGUNTA — *Outro dia, meu carro quebrou e, como fui olhar embaixo dele, meu short sujou de piche e pedregulho – diz Frank. – Como faço para tirar?*

PROBLEMA   Piche no tecido.
O QUE USAR   Tesoura ou lâmina, óleo de bebê, algodão e querosene ou fluido de limpeza a seco.
COMO FAZER   Se possível, coloque a peça de roupa no freezer. Tire o máximo possível do piche com tesoura ou uma lâmina. Umedeça embaixo da mancha com óleo de bebê num algodão. Deixe o óleo molhar o local um pouco e esfregue em cima da mancha com uma bola de algodão molhada com querosene ou fluido de limpeza a seco.

Trabalhe sempre de fora para dentro da mancha. Troque o algodão conforme for sujando até remover todo o piche. Não aqueça o piche para não espalhar.

PROBLEMA   Tinta de cabelo no tecido.
O QUE USAR   Algodão, haste de algodão, fluido de limpeza a seco ou querosene e spray de cabelo.
COMO FAZER   Coloque uma bola de algodão embaixo da mancha, molhe uma haste de algodão com fluido de limpeza a seco ou querosene e esfregue na mancha.

Espirrar spray de cabelo também funciona, mas só se acabou de derrubar a tinta. Esse é o método dos cabeleireiros.

PERGUNTA — *Eu limpava a ferrugem das minhas roupas de velejar com um determinado produto – conta David. – Mas ele saiu do mercado e agora me pergunto o que posso usar.*

PROBLEMA   Ferrugem no tecido.
O QUE USAR   Algodão, haste de algodão e produto para remoção de ferrugem de tecido; ou suco de limão e sal.
COMO FAZER   Tente usar outro produto disponível no mercado para tirar ferrugem de tecidos. Coloque uma bola de algodão embaixo da mancha e mergulhe uma haste de algodão no produto para remoção de ferrugem. Esfregue na mancha até ela

começar a levantar. Na mesma hora, lave a peça de roupa à mão – a ferrugem deverá sair.

Se preferir algo natural, tente suco de limão e sal. Molhe a mancha com suco de limão e esfregue sal em cima até que a ferrugem saia das fibras. Lave à mão e comece o processo de novo até tirar toda a ferrugem. Pode demorar um pouco.

PERGUNTA — *Num blecaute, encostei numa parede com tinta fresca – conta Rodney. – Agora minha calça está com tinta. Tem como consertar?*

PROBLEMA Tinta no tecido.
O QUE USAR Aguarrás, álcool mentolado, solução de acetona, haste de algodão e algodão.
COMO FAZER Para descobrir o tipo da tinta, pegue três recipientes (um para aguarrás, um para álcool mentolado e outro para solução de acetona). Um por vez, mergulhe uma haste de algodão em cada produto e aplique nas manchas. Esfregue os três num espaço pequeno. O que tirar a cor é o solvente certo.

A tinta provavelmente é à base de água. Por já ter secado, molhe a área com álcool mentolado. Molhe duas bolas de algodão em álcool mentolado e coloque uma de cada lado do tecido. Esfregue o algodão em cima da mancha em movimentos circulares, de fora para dentro. Lave a calça como faz normalmente.

Se a tinta for à base de óleo, use aguarrás mineral ou solução de acetona da mesma forma.

PERGUNTA — *Numa viagem, a embalagem azul do meu remédio de asma esfregou na minha calça amarela de viscose de poliéster – diz Jocelyn. – Tem jeito de tirar?*

PROBLEMA Mancha de tinta em tecido.
O QUE USAR Leite; ou fluido de limpeza a seco e algodão.
COMO FAZER Estrague um pouco de leite ao sol e espalhe as partes sólidas do leite na mancha. Deixe até que a tinta passe para o leite. Lave o leite estragado na lavadora.

Alternativa: aplique fluido de limpeza a seco com algodão em movimentos circulares, de fora para dentro da mancha até removê-la. Lave normalmente.

PERGUNTA — *Compro muita roupa usada – diz Joyce. – Mas geralmente vêm com cheiro de mofo. O que você sugere?*

PROBLEMA Cheiro de mofo nas roupas.
O QUE USAR Saquinho de chá.
COMO FAZER O cheiro de mofo é causado por ácaros e fungos. Para se livrar dele, coloque um saquinho de chá na lavadora quando ela estiver cheia de água, mas antes de começar a bater. Segure o saquinho na água por 2 minutos e tire. O tanino do chá mata os ácaros.

Se for alérgica a ácaros, leve um saquinho de chá úmido dentro de um saco plástico na sua bolsa para você cheirar quando estiver no brechó. Você vai parar de espirrar.

PROBLEMA Casaco, vestido e saia de lã sujos.
O QUE USAR Sal, lenço ou pedaço de linho limpo e escova de pelo.

Essa é uma alternativa muito mais barata para lavagem a seco.

COMO FAZER Salpique uma camada espessa de sal sobre a peça. Esfregue com lenço limpo ou pedaço de linho. Não esfregue em círculos, e sim para cima e para baixo. Quando a peça estiver limpa, sacuda bem e escove com escova de pelo.

PERGUNTA — *Minha mãe me deu uma antiga jaqueta de pele que era dela – diz Jo. – Não tenho ideia de como limpá-la.*

PROBLEMA Limpar casaco de pele ou de imitação de pele.
O QUE USAR Fronha e farelo de cereais.
COMO FAZER Coloque o casaco numa fronha grande e ponha 1 quilo de farelo de cereais dentro. Segure a abertura da fronha e sacuda vigorosamente por cerca de 3 minutos. Abra e, com cuidado, sacuda o casaco enquanto o tira, para que o farelo fique lá dentro.

Essa técnica também funciona para casacos de lã, pele de cabra ou pele de camelo, e é um jeito rápido de limpar ternos.

SEDA

A melhor maneira de limpar seda é lavar com xampu e enxaguar com água e condicionador. Use a mesma quantidade que usa no cabelo. Jamais coloque seda para secar num dia de muito vento, porque as fibras endurecem e a seda fica com marcas brancas de poeira, linhas brancas e marcas de água.

PROBLEMA Marcas de água na seda.
O QUE USAR Pedaço limpo de seda branca.
COMO FAZER Como minha avó me ensinou, esfregue o pedaço limpo de seda branca no sentido das linhas do tecido. Não esfregue na diagonal.

PROBLEMA Linhas brancas na seda.
O QUE USAR Vinagre e sal.
COMO FAZER Quando lavar à mão, coloque vinagre na água do enxágue para não aparecerem linhas brancas. Para deixar a seda macia, coloque uma colher de chá de sal na água que usa para lavar.

PERGUNTA – *Não tenho certeza se é café ou vinho tinto – admite Les –, mas tem uma mancha no cotovelo da minha jaqueta branca de seda crua. Já mandei lavar a seco, mas a mancha continua lá. Tem como remover?*

PROBLEMA Mancha de café ou vinho tinto na seda.
O QUE USAR Glicerina, algodão e fluido de limpeza a seco.
COMO FAZER Se for uma mancha antiga, primeiro use glicerina. Aplique com algodão nos dois lados do tecido e deixe alguns minutos. Use fluido de limpeza a seco em algodão, fazendo movimentos circulares de fora para dentro da mancha.

Se espirrar café ou vinho tinto nas roupas, imediatamente aplique vinagre branco e depois leve para lavar a seco.

PERGUNTA — *Espirrei café preto na minha gravata de seda preferida – diz Geoff. – Não consigo tirar!*

PROBLEMA Mancha de café na seda.
O QUE USAR Glicerina, algodão, sabão em pó, vinagre e toalha.
COMO FAZER Aplique glicerina na mancha com algodão. Lave a gravata com sabão em pó e água na temperatura sanguínea. Enxágue com água na mesma temperatura e, para evitar que a seda endureça, coloque um pouco de vinagre. Coloque para secar esticada em cima de uma toalha na sombra.

COURO

PROBLEMA Mancha oleosa na camurça.
O QUE USAR Fluido de limpeza a seco, algodão ou haste de algodão, talco e escova de pelo macia; ou farelo de cereais e vinagre.
COMO FAZER Umedeça a mancha com fluido de limpeza a seco aplicado com algodão ou haste de algodão, cubra com talco e deixe secar. Escove com escova de pelo macia para limpar o talco. Repita se necessário.

Pode-se limpar camurça esfregando farelo de cereais. Para tirar mancha de suor, umedeça as marcas com um pouco de vinagre, depois esfregue com farelo de cereais.

COMO CONSERTAR PEQUENOS FUROS NA JAQUETA DE COURO

A maioria das pessoas usa uma jaqueta de couro a vida inteira, a menos que seja uma daquelas de asa de morcego dos anos 80. Se aparece um buraco, é deprimente, mas existe uma maneira de manter sua jaqueta inteira.

Procure um pedaço de couro que combine. Você pode tirar da parte de dentro da barra, ou da sobra de uma costura, ou da costura da axila.

Corte um molde de papel 1 milímetro maior que o buraco que quer consertar, coloque em cima do pedaço de couro e corte as sobras para fazer o remendo. Lixe a parte de trás do remendo com papel lixa para deixar as extremidades mais finas.

Pegue um pedaço de linho ou algodão que seja 1 centímetro de cada lado maior que o remendo, aplique cola maleável ou específica para couro e cole no remendo.

Agora, ele ficará no meio do pedaço de linho ou algodão com cola. Ponha o remendo por baixo do buraco e cole. Você vai achar que o local está meio duro. Coloque a jaqueta numa superfície macia, como uma tábua de cortar pão, e bata no lado de dentro dela onde está remendado com um martelo de cabeça chata. O couro ficará macio e com aparência normal novamente.

Agora trabalhe na parte da frente do couro. Pegue uma colher e deixe-a morna, mergulhe a parte de baixo da colher em um pouco de vaselina e esfregue levemente sobre a área remendada. Em couro duro, use cera de parafina.

Angela adora sua velha jaqueta de couro vermelha.

PERGUNTA — Eu a tenho há anos. Mas está manchada de desodorante. Existe uma maneira de tirar a mancha?

PROBLEMA Desodorante no couro.

O QUE USAR Fluido de limpeza a seco, haste de algodão, talco e produto para couro.

COMO FAZER Aplique fluido de limpeza a seco na mancha com haste de algodão e salpique talco por cima. Deixe-o absorver e limpe a jaqueta com produto para couro (siga as instruções da embalagem).

PERGUNTA — Como tirar chiclete de uma jaqueta de couro? — pergunta Victor.

PROBLEMA Chiclete no couro.

O QUE USAR Gelo, tesoura ou lâmina, fluido de limpeza a seco, haste de algodão, fita adesiva e produto para couro.

COMO FAZER Coloque gelo no chiclete. Quando estiver duro, tire o máximo possível com tesoura ou lâmina, mas cuidado para não cortar a superfície do couro. Aplique fluido de limpeza a seco com haste de algodão.

Tire o resto do chiclete com fita adesiva. Ponha e tire a fita como se estivesse depilando a perna. Faça isso até tirar todo o chiclete. Trate o local com produto para couro.

ZÍPER

PROBLEMA Zíper enroscado.
O QUE USAR Vinagre, lápis de grafite, pó de grafite ou glicerina e talco.
COMO FAZER Em zíper de metal, aplique um pouco de vinagre e esfregue o metal com lápis de grafite, ou aplique pó de grafite, com movimentos para cima e para baixo.

O efeito do grafite em pó não é tão bom quanto o do lápis de grafite, porque não contém argila, mas funciona com um pouco de insistência.

Em zíper de nylon, aplique um pouco de glicerina com movimentos para cima e para baixo. Salpique talco.

PROBLEMA Zíper solto.
O QUE USAR Sal.
COMO FAZER Coloque um pouco de sal. Funciona com zíper de metal e de nylon.

PERGUNTA – O zíper da minha jaqueta de velejar está com sal acumulado – diz William. – Tem como arrumar?

PROBLEMA Sal em zíper de metal.
O QUE USAR Pano, vinagre e lápis de grafite.
COMO FAZER Pegue um pano molhado com vinagre e umedeça o zíper com ele. Esfregue com o lápis.

BOLSA

O bom das bolsas é que você não precisa fazer dieta para usá-las. São do verdadeiro tamanho único! Gosto das bolsas em que cabe bastante coisa. Quanto maior melhor e, quanto mais bolsas eu tiver, melhor ainda!

Guarde-as num local fresco e seco dentro de um saco de tecido ou fronha velha.

PROBLEMA: Bolsa/maleta de viagem de couro com cheiro.
O QUE USAR: Folhas de chá e produto para couro.
COMO FAZER: A bolsa pode estar com cheiro por não ter tanino suficiente ou por ser de couro de cabra. Para se livrar do cheiro e tratar o couro, esfregue folhas de chá úmidas nele. Depois, trate com produto específico.

Se o revestimento da bolsa também for de couro e estiver com cheiro, pegue um pacote de folhas de chá secas e solte-as dentro da bolsa. Deixe lá por duas semanas.

PROBLEMA: Bolsa embolorada.
O QUE USAR: Vinagre, panos, óleo de cravo e produto para couro; ou fluido de limpeza a seco, algodão, talco e escova.
COMO FAZER: Misture pequena quantidade de vinagre com água e esfregue no bolor com pano. Depois, esfregue um pano limpo. Acrescente 1 gota de óleo de cravo no produto para couro num pano e esfregue na bolsa toda. O óleo de cravo impedirá nova formação de bolor.

Em manchas pretas ou velhas de bolor, aplique fluido de limpeza a seco com algodão e salpique talco por cima. Quando secar, escove para limpar o talco.

PROBLEMA: Bolsa com forro sujo.
O QUE USAR: Sabão em pó; ou fluido de limpeza a seco e algodão.
COMO FAZER: Alguns forros podem ser retirados. Alguns são presos, mas se consegue arrancá-los.

Se for de algodão, limpe com sabão em pó e água. Se tiver marcas de batom, maquiagem ou tinta de caneta, aplique fluido de limpeza a seco com algodão antes de limpar.

Para secar, coloque a parte de couro da bolsa na sombra e o forro no sol. Se não puder, seque tudo à sombra. O forro precisa secar completamente antes de você o colocar de volta na bolsa.

SAPATO

Se você tem preguiça de cuidar dos seus sapatos, pense em como seria caro comprar tudo novo.

Guarde os melhores em sacolas de sapato ou de chita para evitar que embolorem. Depois de usar sapatos de couro ou vinil, jogue um pouco de bicarbonato dentro e esfregue por fora um pano com vaselina. O bicarbonato reduz a quantidade de suor que seus pés produzem, e a vaselina deixa os sapatos impermeáveis. Só não esqueça de limpar o bicarbonato antes de usar os sapatos de novo.

Jogue bicarbonato nos sapatos de pano e nos tênis, mas aspire antes de usá-los. Geralmente, os sapatos de pano podem ser lavados à mão ou na lavadora.

Salpique talco nas solas de borracha e por fora das botas de borracha para que não estraguem.

Limpe os de camurça com escova de arame de latão (não use as de arame de alumínio, nem de aço) e fluido de limpeza a seco. Espirre impermeabilizante de tecido nos sapatos de camurça e pano para mantê-los limpos por mais tempo e impermeáveis. Para limpar sapatos de nubuck e camurça, use uma lixa própria.

Para manter os tornozelos das botas sem rugas e firmes, coloque um rolo de papelão de papel toalha dentro da bota.

Use sempre o cadarço certo para cada tipo de sapato. Se forem muito finos, os cadarços fazem pressão nos buracos. Se forem muito grossos, a pressão fica na frente do sapato. O cadarço deve passar pelos buracos com leve resistência, sem enroscar nem correr.

Se seu sapato estiver soltando pregos, significa que é preciso trocar ou consertar o salto. Martele os pregos para dentro, mas coloque um pedaço de madeira na cabeça deles para bater.

Remova marcas de pisada com produto para couro ou graxa de sapato. Esfregue com as costas de uma esponja aquecida. Nos sapatos de camurça, use fluido de limpeza a seco e haste de algodão. Salpique talco e esfregue para limpar.

PERGUNTA — *Em um barzinho lotado, derramaram bebida no meu sapato de couro que custou uma fortuna. O que posso fazer?*

PROBLEMA — Cerveja no sapato de couro.
O QUE USAR — Glicerina, algodão, fluido de limpeza a seco, haste de algodão, talco e escova.
COMO FAZER — Aplique glicerina com haste de algodão. Aplique fluido de limpeza a seco, também com haste de algodão. Salpique talco por cima para absorver o produto. Quando secar completamente, escove para limpar.

PROBLEMA — Sola de borracha está gasta.
O QUE USAR — Sal e escova dura; ou amônia, água, sal e escova dura.
COMO FAZER — Dê polimento à borracha com sal e escova dura. Isso deixará a borracha com aparência melhor. Como alternativa, use a combinação de 1 parte de amônia, 5 partes de água e 1 parte de sal e esfregue com a escova dura.

PERGUNTA — *Minha esposa estava abastecendo o carro e espirrou gasolina no sapato de couro dela – conta Brian. – Ela adora aqueles sapatos.*

PROBLEMA — Gasolina no sapato de couro.
O QUE USAR — Fluido de limpeza a seco, algodão e talco.
COMO FAZER — Aplique fluido de limpeza a seco com algodão na área atingida. Salpique talco por cima para absorver. Deixe secar e escove para limpar.

PROBLEMA — Velcro não funciona.
O QUE USAR — Pente de dentes finos.
COMO FAZER — Molhe o velcro com água e penteie dos dois lados com pente de dentes finos para tirar a sujeira e soltar as fibras.

QUEBRA-GALHO

PERGUNTA — *No supermercado, uma mulher derrubou um vidro de pepino em conserva no chão e o óleo espirrou no meu sapato – conta David. – Como posso limpar?*

PROBLEMA Óleo no sapato.
O QUE USAR Fluido de limpeza a seco, algodão e talco.
COMO FAZER Coloque fluido de limpeza a seco no algodão e esfregue nas manchas. Cubra a área com talco, para absorver o óleo. Quando secar, escove para limpar.

COMO CUIDAR DAS MEIAS

Você não vai se preocupar em fazer isso com meias baratas, mas se forem caras vale a pena.

Vista as meias nas mãos. Coloque sabão em um dos pés de meia e esfregue os dois pés juntos, como se estivesse lavando as mãos. Isso faz as fibras esticarem e limpa melhor. Para evitar que desfie ou enrugue, espirre spray para cabelo e pendure no varal para secar. Aplique spray toda vez que lavar as meias.

CHAPÉU

Coleciono os chapéus mais diferentes, do estilo gregoriano ao contemporâneo. Tenho até uma cartola com seda em cima! Chapéus especiais devem ser guardados em caixa de chapéu ou num molde e numa superfície lisa.

Se o chapéu tiver copa alta e você não tiver molde, enrole-o com lenço de papel que não contenha ácido. Minha tia-avó Letitia adorava usar boina e me ensinou a limpá-las por meio do seu caderno de anotações.

Lave à mão as boinas de lã com sabão especial para lã ou roupas delicadas e coloque para secar em cima de um prato para não deformar. Para limpar chapéu de palha, esfregue fluido de limpeza a seco e um pouco de sal e depois esfregue bem para limpar a mistura.

PROBLEMA Marca de suor em chapéu de feltro.
O QUE USAR Gesso, pincel e escova.

COMO FAZER	Nos chapéus de feltro escuro, use gesso na consistência de manteiga. Passe a mistura na marca de suor com pincel e deixe secar completamente antes de escovar para limpar.
PROBLEMA	Chapéu de palha mole.
O QUE USAR	Pincel para alimentos, clara de ovo, toalhas e filme plástico.
COMO FAZER	Mergulhe o pincel em clara de ovo e passe nos dois lados do chapéu. Coloque toalhas na copa do chapéu, cubra uma superfície lisa com filme plástico, coloque o chapéu em cima e deixe secar para endurecer.

JOIAS

Use nada mais que um pouco de água para limpar pedras preciosas absorventes, como jade, opala, algumas ágatas, quartzo fumê e esmeralda.

Trate pérolas só com solução suave de sal: 1 colher de chá de sal para 600 ml de água.

Limpe marfim com óleo de amêndoas doces e haste de algodão. Outros tipos de joia devem ser tratados com produto específico.

Sempre esfregue os anzóis dos brincos com álcool mentolado e algodão para remover bactérias.

Jamais aplique calor ou produtos químicos nas joias. Se tiver dúvidas, leve a um joalheiro.

PORTA-JOIAS

Limpe os porta-joias como limpa seus móveis. O jeito mais fácil de limpar por dentro é aspirando. Lembre-se de cobrir a ponta do tubo do aspirador com uma camiseta velha, para o caso de você aspirar uma pedra preciosa!

Tive essa ideia quando derrubei uma caixinha com umas 30 pedras, que tirei de joias antigas, num tapete alto e colorido. Fiz um colar deslumbrante com elas!

OBJETOS DAS CRIANÇAS

Crianças são grande fonte de alegria, mas também grande fonte de bagunça.

Seja para limpar vômito, tirar um desenho da parede ou limpar comida dura como cimento, temos a solução.

OBJETOS DAS CRIANÇAS

Só um pequeno acidente: a história de Matthew

INCIDENTE – Meu filho acabou de sair das fraldas. E está indo bem, mas às vezes se empolga, esquece que está sem fralda e faz xixi na calça. O problema é que a urina escorre para o sapato e o cheiro é muito forte. O que eu posso fazer?

SOLUÇÃO Umedeça a mancha com um pouco de fluido de limpeza a seco num algodão. Salpique talco por cima, dentro e fora do sapato. Deixe secar e escove.

Para neutralizar o cheiro, coloque suco de limão num pano e esfregue nos sapatos. Lave sapatos de pano e vinil na lavadora ou à mão e coloque para secar ao sol.

BERÇO

Todo pai e toda mãe, inclusive eu, têm uma história para contar sobre berço sujo. O ideal é colocar o colchão para arejar todo dia. Para isso, basta tirar o lençol, que você pode pendurar no lado do berço. Também é bom deixar o colchão de pé uma vez por semana e, se possível, ao sol. Os raios solares são excelentes para matar bactérias. Vire o colchão para baixo quando colocá-lo de volta no berço.

No caso de manchas ou respingos, esfregue com esponja o mais rápido possível e coloque o colchão de pé para secar. Use protetor de colchão com trava para crianças, que feche com zíper em vez de elástico.

PERGUNTA – Meu bebê vomitou no berço. Sujou todo o lençol e vazou para o colchão – relata Kate. – Ela só toma leite e come vegetais, mas é incrível a sujeira que um bebê tão pequeno faz. Já esfreguei a superfície do colchão, mas ainda cheira. O que posso fazer?

PROBLEMA Vômito no lençol.
O QUE USAR Suco de limão, água e borrifador.

QUEBRA-GALHO

COMO FAZER Se possível, coloque o colchão ao sol para secar e matar as bactérias. Lave o lençol na lavadora e seque ao sol.

Para se livrar do cheiro, misture 1 colher de sopa de suco de limão com 1 litro de água, coloque num borrifador e espirre no colchão inteiro. Deixe secar ao sol.

MOBÍLIA DE SUPERFÍCIE DURA

Limpe mobília e brinquedos de superfície dura com 1 colher de chá de óleo de melaleuca em 1 litro de água. Espirre com borrifador e esfregue com pano para limpar. O óleo é excelente desinfetante e não é tóxico.

CADEIRÃO DE BEBÊ

Esfregue logo depois de usar, para os alimentos não grudarem. Misture 2 gotas de óleo de melaleuca com água morna e passe com esponja. Se você não conseguiu limpar antes e o cereal, a torrada e os biscoitos já estão duros como cimento, coloque uma esponja em água quente, torça-a, coloque-a sobre os alimentos e deixe por 10 minutos para amolecer. Limpe com óleo de melaleuca e água.

CARRINHO DE BEBÊ

Pode-se limpar a maioria deles com água. Os de alumínio pedem cuidado especial para não ficarem com cheiro. Lave com mangueira ou esfregue com 1 colher de chá de detergente ou óleo de melaleuca em 1 litro de água. Faça isso a cada 15 dias e deixe secar ao sol.

Para limpar lona, misture 1 xícara de sal em um balde com água. Aplique a solução e esfregue com escova de nylon. Deixe secar completamente ao sol, depois escove para tirar o sal.

Se o carrinho passar em cima de fezes de cachorro, passe as rodas no capacho ou use pano úmido para esfregá-las antes de entrar em casa.

MÓVEL ANTIGO DE VIME

Limpe com a mistura de 1 colher de chá de óleo de melaleuca em 1 litro de água. Aplique com escova macia. Se o móvel tiver muitas camadas de tinta, adicione ½ colher de chá de glicerina à mistura.

LIMPEZA DO QUARTO

As crianças sempre derrubam itens pequenos no chão do quarto, como acessórios de boneca ou peças de brinquedos. Para encontrar esses itens com facilidade, coloque uma camiseta velha ou tela entre o bocal e o tubo do aspirador. Quando aspirar, o item ficará preso ali e não irá para o saco coletor. A tela é melhor porque dá para ouvir quando alguma coisa bate nela.

Se precisar remover marcas de caneta do tapete, use fluido de limpeza a seco com algodão ou haste de algodão, dependendo do tamanho da mancha. Esfregue de fora para dentro da mancha. Tenha à mão pano seco ou esponja bem absorvente para sugar o fluido de limpeza a seco, para não deixar o tapete ficar muito molhado.

Proteja o tapete do quarto das crianças colocando um protetor de plástico por cima dele. Você pode comprar por metro em lojas de departamento. Alguns são feitos especialmente para crianças, são coloridos e não têm pregos.

Outro problema corriqueiro são os adesivos colocados acidentalmente ou de propósito nos móveis e paredes. Você pode removê-los com pequena quantidade de detergente e água quente. Espirre a mistura com borrifador no adesivo, coloque um pedaço de filme plástico em cima e deixe alguns minutos. O adesivo sairá com o plástico e poderá ser colado no lugar certo depois.

É muito difícil remover giz de cera da parede. Pegue uma borracha de apagar lápis, molhe em água e sabão e esfregue na marca. A cera do giz sairá enrolando. Se a marca for muito feia, coloque um pouco de bicarbonato numa haste de algodão úmida e esfregue na marca. Cuidado para não esfregar fora da marca, para a parede não ficar brilhante. Se a área atingida for grande, use uma escova de dente velha.

MAMADEIRA

Primeiro, lave com água fria, para limpar qualquer resto de leite. Esfregue bem com escova de mamadeira e coloque na solução esterilizadora. A solução pode deixar o bico da mamadeira com aspecto esfumaçado.

Sempre enxágue a solução esterilizadora com água fervendo, especialmente as mamadeiras e utensílios usados na alimentação. Nenhum bebê gosta do sabor de água de piscina! O jeito mais fácil de tirar o gosto horrível é esfregar sal nos bicos e enxaguar com água fervendo. Continua esterilizado e os bicos ficam mais conservados.

FRALDA DE PANO

Se você usa fralda de pano, lave em dois baldes separados. Encha o balde 1 para deixar a fralda de molho e o balde 2 com água quente e 1 colher de chá de óleo de melaleuca. Jogue os sólidos da fralda na privada, enxágue e coloque no balde 1. Deixe lá por 12 horas e passe para o balde 2. Deixe lá por 20 minutos e coloque na lavadora.

Use água quente também na lavadora e, dependendo da quantidade que estiver lavando, adicione 1 colher de chá de vinagre ou ½ xícara de vinagre na água do enxágue.

Se possível, seque ao sol. Se tiver que usar a secadora, depois passe as fraldas para matar as bactérias. A mistura do balde 2 e o vinagre limpam os resíduos de sabão, que causam alergias. Se seu bebê estiver com alergia, passe creme de papaia. Uma boa ideia é usar forro nas fraldas. Alergia à fralda em bebês recém-nascidos geralmente é causada por calça plástica. Prefira as de flanela usadas antigamente durante os 3 primeiros meses.

Para amaciar as roupas de bebê, coloque vinagre no ciclo de enxágue da lavadora para remover resíduos de sabão.

COMO GUARDAR AS ROUPAS

Coloque etiquetas nas gavetas das crianças para ensiná-las como guardar as roupas. Coloque nome e desenho da peça de roupa na etiqueta para ajudar.

PERGUNTA – *Tenho roupas de bebê guardadas há quatro anos – diz Petra. – Preciso usá-las novamente, mas estão amareladas. Tem jeito de tirar o amarelado?*

PROBLEMA Roupas com marcas amarelas.
O QUE USAR Alvejante em pó, balde, água e papel que não contenha ácido.
COMO FAZER As marcas amarelas são de idade. Acrescente ¾ de uma tampa de alvejante em pó em um balde de 7 litros com água morna e deixe as roupas de molho durante a noite.

Da próxima vez que guardar roupas, coloque um pedaço de papel que não contenha ácido entre cada peça de roupa. Manchas de idade aparecem por causa da fumaça do ácido das sacolas plásticas, caixas de papelão ou prateleiras.

COMO GUARDAR BRINQUEDOS

Sou grande fã da "caixa de brinquedos". Toda criança (ou adulto) tem sua caixa, à sua maneira. Todas as coisas espalhadas pela casa podem ser guardadas na caixa.

Também sugiro que crie um depósito com caixas de papelão. Primeiro, espirre inseticida nas caixas, porque papelão atrai insetos, depois pinte. Coloque etiquetas com nome e desenho ou foto do que deve ser guardado na caixa, para seus filhos aprenderem a fazer associação de palavra com objeto. Isso também torna divertida a atividade de guardar brinquedos.

Guarde os brinquedos de pelúcia pendurados. Prenda um pedaço de varal ou de barbante de algodão no quarto e coloque pregadores nele todo. As crianças adoram pendurar os brinquedos.

Caixas de costura ou de pesca feitas de plástico são ótimas para guardar objetos pequenos, como acessórios de bonecas ou peças de brinquedos de montar.

COMO LIMPAR BRINQUEDOS

Lave brinquedos de madeira com água e muito pouco detergente, mas não molhe muito o brinquedo, para a madeira não inchar. Limpe marcas de caneta da madeira com fluido de limpeza a seco e algodão, e os brinquedos de plástico limpe com glicerina e algodão.

Leia a etiqueta dos brinquedos de pelúcia para limpá-los da forma adequada. Se ficar na dúvida, aspire regularmente e passe esponja na superfície com óleo de melaleuca e água para se livrar dos ácaros.

Você pode limpar e esterilizar os brinquedos de plástico com uma mistura de óleo de melaleuca, glicerina e água.

Para arrumar os cabelos das bonecas, penteie com glicerina.

Conserte as folhas rasgadas de livros com esparadrapo micropore, uma fita fina de algodão usada em curativos. Ele é fino o suficiente para conseguir ler através dele e não deixa linhas amarelas como as fitas adesivas comuns.

Leve os brinquedos antigos e especiais a um restaurador profissional.

LAVANDERIA

A lavanderia moderna tem muita praticidade. É possível deixar a lavadora e a secadora trabalhando enquanto você faz outras tarefas.

Mas como saber qual sabão em pó é o melhor? E qual a melhor maneira de pendurar as roupas? Este capítulo revela tudo.

QUEBRA-GALHO

Como consertar pele sintética: história da Karen

INCIDENTE — No aniversário de 11 anos, meu filho ganhou um cobertor de pele sintética que ele adora. Mas eu coloquei o cobertor para lavar na lavadora e ele ficou opaco e duro. Fiquei sem coragem de contar para ele e ia comprar um novo. Mas ele achou o cobertor e está muito chateado. Ele até me mostrou a etiqueta que diz pra lavar somente à mão. Tem solução para isso?

SOLUÇÃO Coloque ¼ de uma embalagem (150 ml) de condicionador barato numa banheira cheia de água na temperatura sanguínea. Coloque o cobertor dentro da banheira e deixe por 1 hora. Não enxágue. Só pendure à sombra ou cubra com um lençol se secar ao sol.

Quando estiver quase seco, escove para a frente e para trás dos dois lados com escova dura ou de nylon. Deixe secar completamente.

LAVAR ROUPAS

Para mim, a lavadora de roupas é uma das melhores invenções. Adoro colocar coisas sujas nela e, como mágica, tirar tudo limpo.

Aqui estão meus princípios gerais para lavar roupa:

— Use a menor quantidade possível de produtos químicos e calor, para as roupas durarem mais.

— Lave as brancas e coloridas separadamente. É menos provável que suas roupas fiquem acinzentadas se você separar ainda mais as cores, lavando junto azul-claro e verde-claro, azul-escuro com cinza-escuro, preto, marrom e vermelho. Eu faço pilhas separando essas cores e lavo quando tem quantidade suficiente para encher a lavadora.

— Mantenha limpos os filtros da lavadora e da secadora. O resultado será melhor e é mais seguro.

– Não coloque muito peso na lavadora nem na secadora. Se sua lavadora abre em cima, coloque as roupas soltas de modo que consiga alcançar o agitador. Nunca ocupe mais que 1/3 do espaço da secadora com as roupas úmidas.

– O melhor para amaciar tecidos é colocar ½ xícara de bicarbonato no sabão em pó e depois ½ xícara de vinagre no ciclo de enxágue.

– Escolha os produtos pela qualidade, e não pelo preço. Sugiro a seguinte lista:

- Sabão em pó ou líquido de boa qualidade
- Alvejante em pó com oxigênio, que não desbota as cores
- Produto para colocar roupas brancas de molho
- Antibacteriano
- Sabão especial para lã com eucalipto ou xampu barato
- Sabão em barra de boa qualidade, por exemplo, sabão de coco
- Condicionador de cabelo barato

– Escolha o sabão em pó baseado em suas qualidades de oxigenação e quantidade de enzimas. Quando o sabão em pó entra em contato com a água, cria uma reação química e fica efervescente, permitindo que as bolhas de oxigênio ataquem as manchas. As enzimas atacam proteínas e gordura. Sabão em pó barato geralmente tem agentes alvejantes, o que não é muito bom para as suas roupas.

– Sabão líquido geralmente é melhor que em pó, porque deixa menos partículas nas suas roupas. Isso varia de acordo com a lavadora, e algumas com abertura na frente funcionam melhor com sabão em pó.

– Se você é alérgica, teste o sabão em pó na pele antes de usar nas roupas.

– Se alguém na casa estiver gripado, adicione ¼ de xícara de suco de limão ou ¼ xícara de vinagre na água do enxágue para remover bactérias.

– Adicione ¼ de xícara de vinagre na água do enxágue se seu bebê tiver pele sensível.

ÁGUA QUENTE *VERSUS* ÁGUA FRIA

Só use água quente se as roupas estiverem muito sujas, do contrário não é necessário. Se a peça não estiver muito suja, use água morna. Costumo usar água morna e enxaguar com água fria. Jamais use água quente em tecidos delicados. Lave nylon somente com água fria.

COMO LIMPAR MANCHAS

Primeiro, umedeça a mancha com água. Misture alvejante em pó com oxigênio com água até formar uma pasta com consistência de pasta de amendoim. Deixe a mistura sobre a mancha de 5 a 15 minutos e, a menos que o item só possa ser lavado à mão, coloque-o na lavadora.

GOMA

A melhor goma é água de arroz. Da próxima vez que cozinhar arroz, guarde a água depois que ferver. Tem duas utilidades. Você pode diluir em igual quantidade de água e colocar a mistura num borrifador para aplicar quando passar roupa ou pode colocar na água do enxágue da lavadora.

REMOÇÃO DE MANCHAS DE TECIDOS

Para descobrir como retirar manchas de roupas consulte o capítulo "Quarto". Este é um guia de referência rápida para remoção de manchas de tecidos.

QUEBRA-GALHO

CERVEJA (INCLUSIVE ESCURA)	Passe uma pasta de alvejante em pó com oxigênio na mancha e deixe por 15 minutos. Lave normalmente.
BETERRABA	Trate com glicerina antes de lavar normalmente.
SANGUE	Lave manchas frescas de sangue na lavadora com água fria. Se não puder, use amido de milho e água. Em manchas antigas, use água fria e sabão.
CHICLETE	Endureça o chiclete com gelo e tire o máximo possível com tesoura ou lâmina. Aplique fluido de limpeza a seco com algodão, salpique talco por cima para absorver e limpe o que sobrar do chiclete esfregando com movimentos circulares.
CHOCOLATE	Primeiro, limpe com sabão e água fria. Depois, com sabão e água quente.
CHÁ OU CAFÉ	Em manchas frescas, aplique algodão com glicerina, depois lave com sabão em pó. Em manchas antigas, use glicerina, fluido de limpeza a seco e detergente.
DESODORANTE	Use fluido de limpeza a seco antes de lavar.
GEMA DE OVO	Primeiro, use sabão e água fria. Depois, sabão em pó e água morna.
SUCO DE FRUTA	Use detergente e coloque ao sol. Trate primeiro com glicerina as manchas de frutas de caroço duro ou com muito tanino.
GRAMA	Use fluido de limpeza a seco antes de lavar com sabão em pó.
GRAXA E ÓLEO	Espuma de detergente. Se a mancha for muito concentrada, antes umedeça com óleo de bebê.
TINTA DE CABELO	Fluido de limpeza a seco ou querosene; ou spray de cabelo para limpar a mancha imediatamente.

REMOÇÃO DE MANCHAS DE TECIDOS

TINTA DE CANETA — Leite estragado e fluido de limpeza a seco. Se a tinta for vermelha, antes use glicerina.

BATOM E MAQUIAGEM — Fluido de limpeza a seco.

LEITE — Lave normalmente com água fria.

LAMA — Em barro vermelho, aplique fluido de limpeza a seco e lave. Se a lama for escura, lave na lavadora.

ESMALTE DE UNHA — Aplique solução de acetona, e não removedor de esmalte.

TINTA — Em tinta à base de água, use álcool mentolado. Em tinta à base de óleo, use aguarrás.

FERRUGEM — Use produto para tirar ferrugem ou suco de limão e sal.

SEIVA — Aplique fluido de limpeza a seco.

POLIMENTO DE SAPATO — Use álcool mentolado.

REFRESCO — Trate como se fosse mancha de fruta, já que são feitos com corante vegetal.

SUOR — Faça uma pasta de alvejante em pó com oxigênio e água e deixe na mancha por 15 minutos antes de lavar normalmente.

PICHE — Use óleo de bebê, querosene ou fluido de limpeza a seco.

URINA — Lave com sabão em pó e seque ao sol.

VÔMITO — Sabão em pó e sol; ou alvejante em pó, lavadora e secadora.

CERA — Gelo, fluido de limpeza a seco e talco.

VINHO — Mancha recente de vinho tinto – vinagre. Mancha antiga de vinho tinto – glicerina, bicarbonato e detergente. Vinho branco – vinagre.

- Para amaciar toalhas, misture ¼ de xícara de bicarbonato com o sabão em pó e adicione ¼ de xícara de vinagre na água do enxágue. Coloque as toalhas muito sujas de molho em um balde de água com 2 xícaras de vinagre branco durante a noite. Depois, lave normalmente. Você perceberá a maciez das toalhas, e as fibras não ficarão ásperas.

- Se quiser tirar a estática das roupas íntimas, anáguas, sutiãs e malhas de nylon, adicione pequena quantidade de condicionador de cabelo na água do enxágue, quando estiver lavando.

- Quando lavar seda, adicione 1 colher de chá de sal ou vinagre na água do enxágue. Isso ajudará a manter a seda macia e evitará desbotamento.

COMO LIMPAR A LAVADORA

PERGUNTA – *Minha lavadora tem vinte anos – conta Wendy. – Continua funcionando extraordinariamente bem, mas está com cheiro de mofo. Tem solução?*

PROBLEMA Cheiro de mofo na lavadora.
O QUE USAR Mangueira nova; ou bicarbonato e vinagre.
COMO FAZER O cheiro pode ter várias fontes. Verifique a tela do filtro primeiro. O cheiro também pode vir da mangueira, que é muito fácil de trocar. Outra fonte pode ser a junção do encanamento. Se for do lado da máquina, esfregue com bicarbonato e vinagre quando estiver seco. Se o cheiro persistir, ligue a lavadora vazia e coloque 1 xícara de bicarbonato. No ciclo de enxágue, acrescente 2 xícaras de vinagre.

PERGUNTA – *Minha lavadora está com umas substâncias pretas – diz Ngaire. – O que devo fazer?*

PROBLEMA Substâncias pretas na lavadora.
O QUE USAR Bicarbonato e vinagre, ou trocar as borrachas.
COMO FAZER Adicione ½ xícara de bicarbonato na água quente da lavadora. Depois, adicione ½ xícara de vinagre na água do enxágue. Se não funcionar, troque as borrachas da lavadora.

COMO LAVAR À MÃO

Use uma pia ou balde. Você também pode usar o programa de lavagem à mão da lavadora, embora eu prefira não usar. Lave peças delicadas ou de lã somente em água morna na temperatura sanguínea. Para descobrir a temperatura certa, pingue umas gotas de água morna no pulso. Se você não sentir a água, ou seja, se a temperatura for a mesma do seu pulso, é a temperatura sanguínea.

COMO PENDURAR A ROUPA LAVADA

Se eu pendurar alguma peça no varal de modo diferente do que minha mãe me ensinou e ela vir, vai lá e arruma.

Hoje em dia, costumamos secar as roupas na secadora, mas com isso perdemos o melhor antibacteriano que existe: o sol. Ele também deixa as roupas com cheiro agradável, então sugiro que você faça um esforço e pendure suas roupas ao sol. A primeira regra para pendurar as roupas molhadas é pendurá-las esticadas, já que ninguém gosta de passar!

Quando pendurar, prenda as peças pela parte mais forte e sempre coloque os pregadores em lugares discretos. Pendure calças e saias pelo cós, e camisas pelas extremidades com os pregadores nas costuras laterais. Você também pode pendurar as camisas no cabide se colocar uma sacola plástica para proteger o arame da ferrugem.

Seque as peças de lã esticadas em cima de uma toalha branca. Se tiver que pendurar, coloque as mangas dentro de meias velhas e prenda as meias no varal.

Use sacos plásticos para pendurar peças delicadas. Coloque o plástico no varal e as peças sobre o plástico, enrole as peças com ele e prenda com pregador.

Jamais pendure seda num dia de bastante vento, porque as fibras se entrelaçam e depois é difícil amaciar.

Para evitar que as meias furem, pendure-as pelo elástico. Sempre pendure as peças com penugem ou pelo com o pelo virado para dentro. Isso funciona muito bem com toalhas, principalmente as de acabamento de veludo de um lado e de acabamento normal do outro. Dobre a toalha no meio no varal, com o lado de "veludo" para dentro. Demora mais para secar, mas vale a pena porque fica com um lado fofo e macio.

Sacolas velhas de rede, como as de feira, são ótimas para guardar pregadores, porque deixam a água escorrer. Amarre a sacola num cabide aberto em forma de círculo. O gancho fica prático para pendurar.

Para evitar que os pássaros sentem no seu varal e sujem suas roupas, amarre fitas coloridas no varal e deixe que tremulem. Você também pode pendurar CDs velhos. Pássaros não gostam de movimentos bruscos.

COMO SECAR ROUPA NA SECADORA

O melhor é secar ao sol, mas sei que nem sempre é possível. Antes de usar a secadora, lembre-se de limpar o filtro. Para diminuir a quantidade de roupas para passar, dobre as roupas assim que saírem da secadora. Se estiver com pressa e precisar acelerar o processo, coloque um pano de prato na secadora junto com as roupas para absorver a umidade.

Para evitar estática, lave e seque separadamente os tecidos sintéticos e os tecidos de fibra natural. Nunca deixe secar demais as fibras sintéticas. Tire-as da secadora quando estiverem quase secas e pendure-as para secar naturalmente no varal ou em cabide.

COMO PASSAR ROUPA

Há muitos anos, quando minha filha mais velha ainda era bebê, eu passava roupa profissionalmente. Uma das regras principais para se passar bem é seguir o sentido das fibras. Descubra o sentido das fibras segurando e puxando o tecido. Se não esticar mais, você está no sentido certo. Se o tecido esticar, é o sentido errado.

Gosto de passar roupas quando ainda estão um pouco úmidas, porque secam mais rápido. Mantenha um borrifador com água à mão e espirre um jato bem leve nas roupas antes de passar o ferro. Gosto de usar o ferro não muito quente e de bastante vapor.

Quando passar lã, use um pano de prato de linho branco umedecido por cima das peças. Não deixe o ferro no mesmo lugar por muito tempo.

Espirre bem pouco amido de milho, pois pode estragar a roupa e deixar seu chão escorregadio.

Gosto de proteger os botões das camisas com um pedaço de papelão recortado parecido com a forma da letra "C". Coloco embaixo do botão e passo o ferro entre o tecido e o papelão. Guardo o meu "C" junto com o ferro, preso com elástico.

Para marcar bem as pregas, coloque a peça de roupa no final da tábua de passar e alfinete as dobras com alfinete de vidro ou aço. Segure a prega esticando para os lados. Coloque um pano úmido em cima da prega e passe o ferro para cima e para baixo levemente. Para a prega durar mais tempo, esfregue sabão dentro dela antes de passar. Isso não deixará suas calças ficarem com o joelho alargado.

Você pode remover marcas de queimadura leve de linho branco com um pedaço pequeno de pano branco molhado com solução de peróxido de hidrogênio 3%. Coloque o pano sobre a área atingida e passe ferro quente por cima. Teste numa parte pequena antes.

Pernas de pijama velho são ótimas protetoras de tábua de passar. Prenda-as com alfinetes embaixo da tábua.

Acelere o processo de passar roupas com uma folha de papel alumínio embaixo do pano protetor da tábua.

Limpe o ferro, quando estiver frio, com bicarbonato e vinagre. Depois disso, lembre-se de limpá-lo completamente com água. Para limpar aquele acúmulo de sujeira da parte de baixo do ferro, pegue um pedaço de papel mata-borrão, de preferência branco, e passe o ferro em cima para a frente e para trás até que pare de sair sujeira.

PERGUNTA — *Existe alguma maneira de tirar uma prega permanente? – pergunta Alison.*

PROBLEMA Tirar prega permanente.
O QUE USAR Vapor do ferro de passar.
COMO FAZER O sucesso da técnica dependerá do tipo do tecido: sintético ou natural. Se o tecido for natural, basta usar bastante vapor do ferro. É muito difícil tirar pregas de tecido sintético, porque eles têm memória e as pregas voltam.

PERGUNTA — *Qual a melhor maneira de passar toalha de mesa de tecido adamascado? – pergunta Sue.*

PROBLEMA Passar toalha de tecido adamascado.
O QUE USAR Cobertor velho e ferro de passar.

QUEBRA-GALHO

COMO FAZER Veja se sua tábua de passar tem estofamento grosso. Um cobertor velho dobrado resolve. Umedeça levemente a toalha de mesa e passe o ferro no avesso da toalha para diminuir o volume.

COMO DOBRAR A ROUPA

O princípio geral é dobrar o menos possível. Veja o tamanho de que você quer que a roupa fique e descubra como dobrar o menos possível para que a peça caiba na prateleira ou gaveta. Jamais dobre uma peça de roupa para a frente.

Somente enrole as meias sem prender ou apenas as dobre no meio.

Dobre panos de prato três vezes e toalhas duas ou três vezes, dependendo do tamanho da prateleira. Você também pode dobrar só uma vez as toalhas e depois enrolá-las. Assim ficam fofas e bonitas na prateleira.

Para evitar que as melhores toalhas de mesa fiquem com vinco, coloque um pedaço de papel que não contenha ácido no meio de cada uma delas.

ÁREA EXTERNA

Antigamente, o quintal era apenas um trecho de grama, um barracão e um lugar para se colocar o varal.

Hoje em dia, eles têm ladrilho, piso, deque, churrasqueira, cerca, parede com textura, área de piscina e mais o resto do cenário para a gente cuidar.

Felizmente, a maioria desses itens pode ser à prova de água e respingos, para que você possa brincar, divertir-se e limpar com tranquilidade.

QUEBRA-GALHO

Não suje sua roupa de tinta: a história do Phil

INCIDENTE — *Estava ajudando um amigo a pintar a cerca. Mas não troquei de roupa e, claro, sujei meu short de tinta. A outra complicação é que não sei o tipo de tinta que é. Tem como recuperar meu short? Gosto muito dele!*

SOLUÇÃO Para descobrir o tipo de tinta, pegue três recipientes – um para aguarrás, um para álcool mentolado e outro para solução de acetona. Um por vez, mergulhe uma haste de algodão em cada produto e aplique-o na mancha, estique o tecido com os dedos e esfregue. O produto que tirar primeiro a cor é o solvente correto.

Mergulhe duas bolas de algodão no solvente e coloque uma em cima e outra embaixo da mancha. Esfregue o algodão em movimentos circulares, trabalhando de fora para dentro da mancha até remover tudo. Se não funcionar ou se a marca for antiga, mergulhe a parte manchada do short no solvente e depois use o algodão.

DEQUE DE MADEIRA

Um amigo meu comprou uma casa linda no topo de uma colina, com deques enormes de madeira para se apreciar a vista. Mas a casa ficou vazia por dez anos, e muitos pássaros e animais moraram nos deques, que ficaram muito manchados. A solução envolveu um pouco de álcool mentolado, chá e muita esfregação. Sempre é melhor prevenir do que remediar!

Como impermeabilizar depende do tipo da madeira, algumas madeiras, do tipo teca, carvalho e cedro tratado, podem ficar expostas ao tempo. Mas, se você não quiser que a madeira estrague ou desbote, trate-a com óleo de tungue ou com um bom impermeabilizante externo. Se sua casa tem madeira dos anos 70, livre-se dela, porque naquela época tratava-se madeira com cobre e arsênico, que são tóxicos. Retire a madeira com muita cautela.

Há algumas diferenças significantes na hora de limpar madeira impermeabilizada e não impermeabilizada e, se você não fizer do jeito certo, poderá ter problemas. Limpe as impermeabilizadas com 3 colheres de chá de sabão para lavar louça em um balde de água morna. Use vassoura, e não esfregão, para alcançar as fendas.

Não use sabão em madeira não impermeabilizada, porque ela seca e lasca. Limpe com 1 balde de água morna, 1 xícara de vinagre e algumas gotas de óleo de eucalipto, pois o óleo limpa e nutre a madeira. Mas não use óleo de eucalipto em superfícies pintadas, porque tira a tinta. Faça um chá forte (4 ou 5 saquinhos para 1 bule) e coloque em um balde com água quente, depois passe com esfregão na madeira, para evitar que ela fique acinzentada.

TIJOLO E TERRACOTA OU LADRILHO DE TIJOLO

Para limpar tijolos e ladrilhos salpique bicarbonato e espirre vinagre por cima. Esfregue com vassoura dura e enxágue com água. Para evitar mofo e algas, acrescente algumas gotas de óleo de cravo à água do enxágue. Se quiser que mofo e musgo cresçam no local, acrescente iogurte à água do enxágue.

PROBLEMA Besouro de alvenaria na argamassa.
O QUE USAR WD-40.
COMO FAZER Use o bico fino aplicador do WD-40 para espirrar dentro dos buracos feitos pelos besouros para matá-los.

PERGUNTA – *Tem alguma coisa que se possa fazer para limpar álcool mentolado que espirrou em tijolo cozido? Tem marcas brancas entre eles* – diz Amanda.

PROBLEMA Álcool mentolado em tijolo cozido.
O QUE USAR Spray inseticida; ou álcool mentolado, goma-laca e pano.
COMO FAZER As marcas brancas indicam que tem goma-laca ou impermeabilizante similar nos tijolos. Para se livrar delas, espirre spray inseticida, porque contém querosene e removerá as marcas. Para impermeabilizar os tijolos, misture 1 parte de álcool mentolado com 1 parte de goma-laca e aplique com pano.

QUEBRA-GALHO

LADRILHO ESMALTADO

Limpe os ladrilhos com uma solução fraca de detergente. Se seu ladrilho tem tendência a ficar escorregadio, crie uma superfície antiderrapante acrescentando vinagre à água do enxágue. Para impermeabilizar ladrilho de terracota ou espanhol, use produto específico ou faça um impermeabilizante temporário com 1 parte de cola de madeira e 20 partes de água. Aplique com um esfregão, mas lembre-se de lavá-lo depois com água e sabão para que não fique duro.

Se os ladrilhos estiverem muito escorregadios, limpe o chão com esfregão, espalhe um pouco de areia na superfície e limpe com esfregão de novo. Fiz isso no consultório do meu médico por medo de alguém escorregar no ladrilho liso. Dura cerca de 3 meses.

PERGUNTA — *Tenho camélias e palmeiras adoráveis no quintal – conta Shirley. – Mas as pétalas e folhas deixam marcas pretas no piso de cerâmica. Tem solução para isso?*

PROBLEMA Mancha de planta no ladrilho.
O QUE USAR Tablete efervescente de dentadura e pano molhado; ou bicarbonato, vinagre, escova e esfregão.
COMO FAZER Coloque 1 tablete efervescente na mancha, coloque um pano molhado por cima e deixe a noite inteira. Como alternativa, salpique bicarbonato e espirre vinagre por cima, esfregue com escova e deixe por 2 horas. Enxágue com água e esfregão.

PERGUNTA *Temos a intenção de impermeabilizar nossos ladrilhos de terracota – conta Pat. – Mas, claro, consegui derrubar uma mistura de gasolina e óleo nos ladrilhos antes disso. Tem alguma coisa que eu possa fazer?*

PROBLEMA Combustível em ladrilho não impermeabilizado.
O QUE USAR Máscara, balde, solução de hipoclorito de sódio concentrado (à venda em casas de produtos químicos), escova e vinagre.
COMO FAZER Ponha a máscara e, em um balde grande com água, misture 10% da quantidade de solução de hipoclorito de sódio que

você usa na piscina normalmente (veja as instruções na embalagem).

Esfregue a mancha com escova para remover o óleo. Enxágue completamente. Sem tirar a máscara, neutralize a solução de hipoclorito de sódio espirrando vinagre. Depois, impermeabilize o ladrilho como descrito anteriormente. Ou use produtos comerciais para impermeabilizar.

PEDRA E ARENITO

A melhor maneira de limpar pedra e arenito é com cloro em tabletes usado para limpar piscinas.

Use 1 tablete para cada balde de água e aplique com vassoura. Deixe por cerca de 2 horas e enxágue com água. Adicione algumas gotas de óleo de cravo à água do enxágue para inibir mofo ou adicione iogurte para crescer mofo e musgo.

PROBLEMA Tinta espirrada no arenito.
O QUE USAR Álcool mentolado e escova dura; ou aguarrás e escova dura; ou álcool mentolado, pano e escova; ou pano e sabão.
COMO FAZER Se a tinta for à base de água, coloque álcool mentolado numa escova dura e esfregue a tinta. Se a mancha for antiga, deixe um pano molhado com álcool mentolado em cima dela durante um tempo e depois esfregue com escova.

Se for à base de óleo, use aguarrás do mesmo jeito. Se for mancha antiga, molhe um pano em água quente e sabão e coloque em cima da mancha antes de esfregar com escova dura.

PERGUNTA – *Meu pátio de arenito está com algumas gotas roxas – conta Shelly. – Acho que é sujeira de pássaro. Como posso me livrar disso?*

PROBLEMA Sujeira de pássaro ou gambá no arenito.
O QUE USAR Fluido de limpeza a seco, algodão e pedaço de pano úmido.
COMO FAZER A sujeira pode ser de pássaro ou gambá e, na maioria dos

casos, desaparece com o tempo se tomar sol. A cor roxa vem de frutas roxas e a mancha pode ser removida com fluido de limpeza a seco. Aplique pequena quantidade com algodão. Enxágue com um pedaço de pano úmido.

PERGUNTA — *Mudamos a churrasqueira de lugar recentemente – conta Robyn. – Mas algumas gotas pingaram da bandeja de gordura no piso colorido de arenito. Como podemos limpar?*

PROBLEMA Óleo/gordura em piso de arenito.
O QUE USAR Máscara, cloro de piscina em tablete ou granulado, escova e vinagre.
COMO FAZER A fumaça é muito forte, então use máscara. Misture ¼ de tablete de cloro para piscina em um balde com água. Aplique a mistura na mancha e esfregue com escova. Neutralize com vinagre e depois enxágue com água.

CIMENTO

O melhor para limpar cimento é usar bicarbonato e vinagre. Salpique bicarbonato sobre a superfície, espirre vinagre por cima e esfregue com vassoura. Enxágue com água. Costuma-se usar ácido clorídrico ou muriático para limpar cimento, mas não recomendo por serem produtos tóxicos e difíceis de usar, além de poderem causar corrosão.

Para evitar manchas de folhas no cimento e facilitar a remoção de graxa, impermeabilize o cimento com produto específico ou com impermeabilizante temporário feito de 1 parte de cola de madeira e 20 partes de água. Aplique com esfregão e lembre-se de enxaguar o esfregão depois, para que não endureça.

PROBLEMA Trepadeiras no cimento/tijolo.
O QUE USAR Secador de cabelos e escova dura.
COMO FAZER Queime a trepadeira com jatos de ar quente antes que ela fique forte. Deixe a planta esfriar e secar, depois esfregue com escova dura para tirá-la.

CAPACHO

Sempre deixo um capacho na porta da frente e outro na porta de trás da casa. Também é boa ideia ter capachos dentro de casa para evitar rastros de sujeira. Se você não quiser, espirre impermeabilizante de tecidos nos tapetes regularmente. Também é prático deixar uma sapateira perto da porta dos fundos para colocar sapatos sujos.

MOBÍLIA DA ÁREA EXTERNA

Podem ser de madeira impermeabilizada ou não impermeabilizada, de alumínio, vidro, plástico, junco ou policarbonato.

Para limpar madeira impermeabilizada, use uma solução fraca de detergente. Muitos desses móveis são de cedro vermelho, que você pode limpar com água. Pinte-os novamente a cada 3 anos. Limpe superfícies pintadas com solução fraca de detergente.

Para limpar madeira não impermeabilizada, use a mistura de 1 xícara de vinagre com algumas gotas de óleo de eucalipto em um balde de água e esfregue com pano.

Para limpar peças de alumínio, use bicarbonato e vinagre. Você também pode tentar chá preto frio! Descobri isso recentemente quando sem querer derramei um pouco de chá numa malha de alumínio, que ficou limpa como vidro! Pegue uma esponja com bicarbonato e outra molhada com vinagre. Aperte a esponja com vinagre em cima da esponja com bicarbonato e esfregue. Isso também remove marcas de água.

Para limpar policarbonato ou plástico, use solução fraca de detergente. Não confunda policarbonato com poliacetato. Você pode limpar poliacetato e poliuretano com Brasso, mas esse método de limpeza acaba com o policarbonato. Não arrisque, se não tiver certeza.

Se tiver arranhões, use saponáceo em pó e glicerina. Misture-os até obter consistência de creme, esfregue nos arranhões com um pedaço de seda. É melhor não deixar policarbonato opaco ao sol, porque enfraquece o material e isso pode fazer uma cadeira quebrar enquanto alguém estiver sentado nela, como aconteceu comigo numa festa uma vez. Fiquei parecendo uma tartaruga abanando os braços! Foi constrangedor, mas muito engraçado!

Para limpar junco e vime, esfregue água e sabão, coloque ao sol e impermeabilize com goma-laca ou com impermeabilizante externo de boa qualidade. Se possível, espirre o impermeabilizante usando borrifador de plástico, depois limpe o borrifador com álcool mentolado.

Algumas cadeiras para área externa são de tela de estufa. Lave-as regularmente com uma solução fraca de água e sabão. Lave-as depois de pegarem chuva, pois podem embolorar. Adicione algumas gotas de óleo de cravo na água do enxágue.

Se possível, guarde as almofadas quando não estiver usando, para que não fiquem expostas ao tempo. Os móveis externos podem guardar surpresas desagradáveis embaixo deles. Para afastar aranhas, esfregue um pouco de óleo de limão embaixo dos móveis regularmente.

PROBLEMA · Móveis externos acinzentados por causa do sol.
O QUE USAR · Solução forte de chá e verniz.
COMO FAZER · Lave com uma solução forte de chá antes de reaplicar o verniz.

PROBLEMA · Ferrugem em ferro fundido.
O QUE USAR · Vinagre, escova de arame e zarcão.
COMO FAZER · Amoleça a ferrugem com vinagre e esfregue com escova de arame. Aplique zarcão. Isso protege a superfície antes de receber tinta novamente.

GUARDA-SÓIS, TOLDOS E TELA DE ESTUFA

São essenciais no verão. Limpe lona com 2 xícaras de sal em um balde pequeno de água. Aplique com escova ou vassoura. Deixe secar e enxágue para tirar o sal.

Limpe plástico com água. Se estiver muito sujo, adicione um pouco de detergente na água.

Guarda-sol de ráfia atrai insetos, então lave regularmente e aplique spray inseticida. Para limpar cabo de metal, use grafite. Tire ferrugem e limpe partes plásticas com glicerina.

PROBLEMA Lona embolorada.
O QUE USAR Solução forte de sal, balde, escova ou vassoura, óleo de cravo e borrifador.
COMO FAZER

Ponha 2 xícaras de sal em um balde pequeno de água e esfregue a lona com escova ou vassoura. Deixe secar. Ficará bastante sal na superfície. Esfregue novamente para ajudar a soltar o bolor. Lave com balde ou mangueira num lugar onde bata sol.

Coloque água e algumas gotas de óleo de cravo num borrifador e espirre sobre a lona, para evitar que o bolor volte.

COMO CONSERVAR BORRACHA

Jamais deixe borracha tomar sol. Isso inclui pés de pato, máscaras de natação, bandejas e cadeiras. Para evitar que a borracha estrague, esfregue talco nela depois de limpar. Se já estiver deteriorada, esfregue um pouco de sal na área atingida e depois jogue talco. O sal funciona como uma lixa.

CHURRASQUEIRA

A base da churrasqueira é de ferro fundido e deve ser limpa toda vez que for usada. De preferência, quando ela ainda estiver morna. Derrame um pouco de óleo e esfregue com papel. Salpique um pouco de bicarbonato e espirre vinagre por cima. Esfregue com papel toalha. Passe uma camada fina de óleo quando ela estiver fria, para evitar ferrugem.

Se as manchas forem muito difíceis, tente usar bicarbonato e vinagre, depois açúcar e vinagre. Mantenha a churrasqueira aquecida até evaporar todo o vinagre. Depois, passe uma camada fina de óleo. Quando estiver mais fria, esfregue com papel toalha. O açúcar é para juntar a sujeira e os restos de queimado. O óleo é para não deixar o açúcar grudar.

Para evitar que óleo de peixe caia na churrasqueira e deixe cheiro, coloque uma folha de alumínio embaixo do peixe. Para defumar o peixe, enrole-o em papel-alumínio.

JARDIM

Adoro ficar no jardim, por isso evito substâncias tóxicas. Dou preferência às soluções naturais, em vez das químicas. Por exemplo:

Para afastar os pássaros, pendure CDs velhos nas árvores.

Para fazer crescer musgo no jardim, coloque um punhado dele em uma tigela com 1 colher de chá de açúcar e 1 lata de cerveja e mexa com batedor de bolo até que os ingredientes fiquem parecendo uma sopa encorpada. Espalhe a mistura nas pedras ou qualquer outro tipo de terreno onde queira que cresça musgo e não jogue água por pelo menos 24 horas. Depois, regue levemente, para não enxaguar o musgo. Para fazer crescer algas e líquen, passe iogurte.

PROBLEMA Pulgão.
O QUE USAR Detergente, óleo de cozinha, água e borrifador.
COMO FAZER Misture completamente 1 colher de sopa de detergente e 1 xícara de óleo. Adicione 2 ou 3 colheres de chá dessa mistura em 1 xícara de água, coloque no borrifador e espirre nas plantas.

PROBLEMA Caracol e lesma nas plantas.
O QUE USAR Vaselina.
COMO FAZER Esfregue um pouco de vaselina todo mês por fora dos vasos.

PROBLEMA Evitar que vaso de terracota embolore.
O QUE USAR Cola de madeira, água e óleo de cravo.
COMO FAZER Impermeabilize o vaso com a mistura de 1 parte de cola de madeira, 3 partes de água e 2 gotas de óleo de cravo. Deve ficar com a consistência de creme. Espalhe no vaso e deixe secar por dentro e por fora.

COMO DEIXAR SUA HORTA À PROVA DE CARACOL

Se lesmas e caracóis estão comendo sua horta, amasse um dente de alho inteiro e o coloque em 1 litro de água por cerca de 2 horas. Esprema-o e espirre o líquido nos seus vegetais.

Outro método é fazer um círculo de areia ou serragem em volta de cada vegetal. Lesmas e caracóis não gostam de areia e serragem e não vão atravessar essas barreiras para comer seus vegetais.

Para fazer armadilha para lesmas, corte uma laranja ao meio, coma-a e use as metades de casca para encher de cerveja. Coloque as cascas perto da horta e as lesmas entrarão nelas, mas não conseguirão sair. Você também pode convencer as crianças a capturá-las em troca de algumas moedas.

TANQUE DE JARDIM

Se você tiver um, coloque aguapés nele. Os aguapés limpam a água, são fáceis de retirar e são ótimos fertilizantes.

ESTÁTUAS

Se quiser que cresça musgo na estátua, passe nela a mistura de espuma de leite com iogurte. Se puder, use iogurte que contenha *lactobacilos acidophilus*. Para inibir musgo e bolor, passe a mistura de 1 parte de óleo de cravo para 50 partes de água.

FERRAMENTAS DE JARDINAGEM

O soprador de grama e de folhas é o jet ski da terra firme – o mais novo aparelho eletrônico para acordar os vizinhos no domingo de manhã. Junto com o cortador, o aparador de grama e outros equipamentos, ele deve ser guardado num local fresco e escuro.

Para proteger as lâminas da ferrugem, esfregue óleo de máquina em um pano. Esfregue a parte externa dos aparelhos com uma solução fraca de detergente.

Não jogue fora as tesouras velhas de cortar grama. Use-as como espátulas, para cavar buracos ou para aparar a grama que cresce em volta do cimento.

PISCINA

Se o tempo estiver quente e você tem piscina em casa, ficará cheio de amigos. Mas, apesar de todos os acessórios disponíveis, limpar a piscina pode ser trabalhoso. Se for trabalho demais para você, chame um profissional.

Algumas coisas pedem manutenção frequente. Primeiramente, verifique se o nível da água está bom. Manter o nível de pH certo também é muito importante. Você já deve ter um kit de teste, mas, se não tiver, compre um. Saiba que o cloro é afetado pelo sol. Quanto mais sol tiver, mais cloro você precisará usar.

Limpe a superfície da piscina regularmente para coletar folhas e não entupir o filtro. Ou melhor, não deixe nada na piscina, para evitar que qualquer coisa fique presa no filtro.

Limpe os azulejos com saponáceo em pasta e escova dura. Para a ardósia ao redor da piscina não ficar escorregadia, misture 1 parte de cola de madeira, 20 partes de água e 1 xícara de areia. Limpe possíveis limos escorregadios nas pedras com cloro granulado preparado como descrito no rótulo da embalagem.

Coloque cerca em volta da piscina com tranca à prova de crianças. Mantenha a tranca lubrificada, pois o cloro pode causar corrosão. Uma boa ideia é colocar um cartaz ilustrando como fazer ressuscitação em caso de emergência.

Mantenha filtro solar e toalhas perto da piscina. Assim, não terá marcas de pés molhados dentro de casa.

> PERGUNTA – *Minha piscina está com a borda toda manchada* – conta John. – *A borda é revestida de pedriscos.*
>
> PROBLEMA Mancha ao redor da piscina.
> O QUE USAR Escova dura e saponáceo em pasta.
> COMO FAZER É trabalhoso, mas funciona. Pegue uma escova dura, coloque um pouco de saponáceo em pasta e esfregue em cada pedacinho manchado.

BANHEIRA DE HIDROMASSAGEM E SAUNA

Bactérias adoram hidromassagem. Use o fluxo invertido com vinagre a cada duas vezes que usar a banheira e troque a água regularmente. Mantenha o nível químico correto, que geralmente é mais alto que o das piscinas. Consulte as instruções do fabricante. Se a banheira tiver borda de madeira, adicione algumas gotas de óleo de cravo na água do enxágue para afastar bolor.

Conserve as unidades de aquecimento e filtragem da sauna limpando-as regularmente de acordo com as instruções do fabricante. Adicione algumas gotas de óleo de cravo para evitar mofo e adicione suas ervas preferidas nas pedras quentes para a sauna ficar mais gostosa.

ANIMAIS DE ESTIMAÇÃO

As cestas e casas dos animais de estimação devem ficar em lugar elevado para o ar circular. Coloque alguns tijolos ou estacas embaixo delas.

Para não deixar o gato ir ao jardim, espalhe Vicky Vaporub em algumas pedras e vire o lado com Vicky para baixo para evitar estragos causados pelo sol ou pela chuva.

Para evitar que os cães cavem alguma área, enterre um pouco de fezes deles no lugar e eles nem chegarão perto. Se quiser que eles cavem, enterre ossos.

COMO DAR BANHO NO GATO

Faça esse procedimento regularmente, se tiver pessoas alérgicas na casa. Com essa técnica, você não ficará com marcas de arranhão no rosto! Segure a cabeça e as patas da frente do gato com um pano de prato e enrole firme. Ele não conseguirá arranhar e a escuridão o acalmará.

Lave as costas com escova própria para animais. Depois, enrole o pano nas patas de trás e lave a barriga com um jato leve de água, indo do começo para o fim do corpo dele. Não use escova, porque irrita o gato. Use xampu para gatos. Quando acabar, afague o gato, para que ele faça associação positiva com o banho.

ÁREA DO LIXO

Na escola fundamental, tínhamos um bode para comer o lixo! Coloque umas gotas de óleo de lavanda em uma folha de papel toalha e esfregue a borda da lixeira para afastar moscas, outros insetos e cães. Óleo de limão afasta aranhas. Para preservar o ambiente, evite usar sacolas plásticas. Em vez disso, coloque o lixo direto na lixeira ou enrole no jornal.

GARAGEM E ENTRADA DA CASA

Você pode limpar manchas de óleo e outras de dois jeitos: esfregue bicarbonato e vinagre ou espirre cloro diluído. Deixe secar quase completamente e varra bem com vassoura de nylon antes de lavar com balde ou mangueira.

Você também pode limpar as manchas antigas com Coca-Cola. Se fizer isso, enxágue bem a área para não atrair formigas.

CARRO

Limpe tapetes e tapeçaria do carro do mesmo jeito que limpa os de dentro de casa. Para fazer mais uma camada de proteção, espirre impermeabilizante de tecidos toda vez que aspirar.

Limpe as partes plásticas com pano com glicerina e deixe uma meia-calça velha no porta-luvas para limpar os vidros. Para proteger o salto do seu sapato quando dirige, fixe um pedaço de toalha no tapete do carro ou use um par de sapatos só para dirigir.

PROBLEMA Arranhões no painel ou em superfícies de plástico.
O QUE USAR Pano e glicerina.
COMO FAZER Adicione 1 parte de glicerina em 5 partes de água morna e esfregue na superfície com um pano. A glicerina também dá brilho.

PROBLEMA Adesivo na janela do carro.
O QUE USAR Filme plástico e detergente.
COMO FAZER Corte um pedaço de filme plástico maior que o adesivo.

Misture 1 parte de detergente e 20 partes de água e espirre no filme plástico, depois o coloque em cima do adesivo. Deixe por cerca de 5 minutos ou até o adesivo descolar. Puxe o filme plástico. O adesivo sairá junto.

PERGUNTA — *Meu carro está com cheiro de mofo* — conta Pete. — *Acho que meu tapete molhou de algum jeito. O que você sugere?*

PROBLEMA Cheiro de mofo no carro.
O QUE USAR Óleo de cravo.
COMO FAZER O cheiro vem de bactérias e mofo e o melhor remédio é o sol. Se possível, tire o carpete do carro e coloque ao sol. Se não puder fazer isso, estacione o carro num ângulo inclinado e deixe as portas abertas para o sol entrar. Ou esfregue o carpete com um pouco de óleo de cravo.

TRAILER E BARCO

Alguns podem ser considerados casas. Não farei um guia abrangente para conservação de trailer e barco, mas seguem alguns problemas que acontecem.

PERGUNTA — *Tenho um trailer com toldo lateral e os zíperes de nylon estão emperrados* — diz Rick.

PROBLEMA Zíper de nylon emperrado.
O QUE USAR Glicerina; ou lápis de grafite ou grafite em pó.
COMO FAZER Esfregue o zíper com glicerina. Em zíper de metal, use lápis de grafite ou grafite em pó.

O marido e o filho de Val farão uma viagem de trailer. Mas deram para ela a tarefa de tirar os arranhões do teto solar de policarbonato.

PERGUNTA — *E nos disseram para limpar com certo produto, mas ele arranhou o teto solar. Tem solução para isso?*

PROBLEMA Arranhões em policarbonato.
O QUE USAR Saponáceo em pó, glicerina e pedaço de seda.
COMO FAZER É muito difícil tirar esses arranhões. Uma opção é misturar saponáceo em pó e glicerina até obter consistência fina, depois esfregue nos riscos com um pedaço de seda. As marcas profundas não saem. Outra opção é esmaltar a superfície novamente. Para evitar novos arranhões, use cera de carro, mas veja se a cera não tem componentes que arranham.

PERGUNTA *– O interior do nosso barco é revestido com carpete branco de nylon – diz Lynn –, mas o carpete está ficando manchado de preto e embolorado. O que podemos fazer? É muito difícil trocar o carpete do barco!*

PROBLEMA Bolor em carpete de barco.
O QUE USAR Cloro de piscina, balde e água.
COMO FAZER Por ser carpete de nylon, lave com cloro de piscina diluído. Use ¼ de tablete de cloro para um balde de água.